SYSTÊME PERFECTIONNÉ

DE

CONJUGAISON DES VERBES GRECS,

PRÉSENTÉ

DANS UNE SUITE DE TABLEAUX PARADIGMATIQUES;

PAR D. FRÉDÉRIC THIERSCH,

PROFESSEUR AU LYCÉE DE MUNICH, ET CHEF DU SÉMINAIRE PHILOLOGIQUE DE LA MÊME VILLE;

TRADUIT DE L'ALLEMAND,

SUR LA TROISIÈME ÉDITION,

PAR F. M. C. JOURDA, D. M. P.,

MEMBRE DE LA SOCIÉTÉ MÉDICALE D'ÉMULATION ET DE LA LÉGION D'HONNEUR.

PARIS,

CHEZ THOMINE ET FORTIC, LIBRAIRES, RUE SAINT-ANDRÉ-DES-ARCS, N° 59.

1822.

J. M. EBERHART, IMPRIMEUR DU COLLÉGE ROYAL DE FRANCE,
RUE DU FOIN SAINT-JACQUES, N° 12.

AVERTISSEMENT DU TRADUCTEUR.

L'ÉTUDE de la Langue Grecque n'offre pas autant de difficultés qu'on se l'imagine; mais elle en a une très-considérable, qui existe dans son système de Conjugaison. Trois Voix, cinq Modes, beaucoup de Participes tous déclinables; des Temps susceptibles de prendre une double ou triple forme; trois Nombres pour chaque personne; nul, ou presque nul emploi du Verbe auxiliaire; de tout cela résulte une foule de combinaisons, que la mémoire seule ne saurait retenir sans beaucoup d'efforts, et dans la plupart desquelles il est souvent très-difficile de démêler la forme radicale.

Le seul moyen de ne pas errer long-temps sans fruit et avec une extrême fatigue, au milieu de ce dédale, serait d'avoir constamment à la main une espèce de fil d'Ariane, qui aiderait à sortir promptement de ses détours en apparence les plus tortueux. Ce guide secourable n'est pas une chose que nous ayons encore à désirer : nous en avons reçu le précieux bienfait de la sagacité de quelques Grammairiens modernes, dont s'honorent l'Allemagne, la France et la Hollande. Grâce à leurs ingénieux procédés, ce qui fit autrefois le tourment des hommes voués à l'étude du Grec, s'apprend beaucoup mieux aujourd'hui, quoiqu'avec une grande épargne de peines et de temps. Ils ont fait disparaître l'appareil effrayant des Treize Conjugaisons, et cette fatigante échelle dont il fallait toucher, l'un après l'autre, les nombreux échelons, pour descendre du thême primitif à chacun des temps, ou pour remonter de chacun des temps au thême primitif; invention malheureuse de Grammairiens sans doute fort recommandables, mais qui n'avaient pas aperçu le principe d'unité et de simplicité sur lequel repose tout l'artifice de la Conjugaison dont il s'agit. Toutes ces difficultés ne hérissent plus le chemin où doit marcher celui qui se veut familiariser avec la langue d'Homère et de Platon.

La résolution des formes les plus composées en leurs élémens les plus simples; l'indication précise du rôle respectif de chacune de ces parties élémentaires, ou, en d'autres mots, de la condition qu'elle représente; un mécanisme de formation et de décomposition des Temps, assujéti à des lois constantes, ou qui ne peuvent être transgressées que par les exigences de l'euphonie, lesquelles établissent à leur tour des Règles *intransgressibles ;* tels sont les moyens par lesquels on est parvenu à faire de la théorie du Verbe grec, une doctrine infiniment plus régulière et moins abstruse que celle que l'on enseignait précédemment. Les Grammaires, publiées de nos jours, exposent toutes cette lumineuse doctrine; mais l'Ouvrage dont j'offre au Public une traduction, la présente avec des perfectionnemens si importans, que je n'ai pu hésiter à regarder comme une chose fort utile, de le mettre à la portée des Français qui cultivent les Lettres Grecques. Mr THIERSCH, savant philologue de Munich, est l'auteur de cet Ouvrage, écrit en allemand, et dont il s'est écoulé trois éditions dans le court espace de cinq années. Il serait long et superflu d'énumérer ici toutes les améliorations que le système a subies entre ses mains, et qui le rendent à la fois plus simple et plus complet, et surtout mieux approprié aux besoins divers, soit de l'Elève qui s'appuie sur le secours d'un Maître, soit de l'homme studieux qui a le courage d'apprendre sans être aidé par personne. Mais je dois signaler comme un mérite accessoire et pourtant très-précieux de ses Paradigmes, le parallèle qui s'y trouve établi entre la Conjugaison Ordinaire et la Conjugaison Homérique. Ce tableau comparatif aidera beaucoup les personnes qui, voulant étudier ou expliquer le Prince des poètes, auront à s'exercer fréquemment sur des formes ailleurs insolites, dont les besoins du Vers Alexandrin ont imposé la nécessité. L'Auteur déclare, dans la Préface de sa seconde Edition, qu'il est redevable à M. DISSEN, son ami, Professeur à l'Université de Marbourg, de l'exactitude avec laquelle ont été recueillies toutes les formes propres à Homère; et que le Neuvième Tableau, contenant les petits Paradigmes, appartient tout entier à cet habile Helléniste.

Je ne terminerai pas cet Avertissement sans dire un mot sur la forme matérielle du Livre au commencement duquel il doit être placé. Je veux d'abord faire observer que le format *in-folio,* peu usité généralement, et qui l'est moins encore pour les livres des études, était ici une chose, non de choix, mais d'inévitable nécessité. Peut-être, ensuite, ne me sera-t-il pas difficile d'expliquer qu'il est résulté, de cette nécessité même, un avantage très-manifeste. Il m'a toujours paru qu'on ne fait pas assez d'attention à la manière dont pourrait s'accroître l'utilité de certains livres, par la seule disposition matérielle qu'on aurait soin de leur donner. Cette réflexion s'applique surtout aux ouvrages de grammaire, dans lesquels il y a toujours beaucoup de choses qu'il faut montrer ensemble et comme dans une espèce de Panorama. Plus la forme de ces ouvrages est exiguë, moins ils sont favorables aux opérations synthétiques de l'Intelligence et de la Mémoire. Les Règles y sont placées loin des Exemples; des détails qu'il faudrait embrasser d'un seul et même coup-d'œil, s'y trouvent disséminés sur un grand nombre de pages. L'Elève perd un temps précieux à feuilleter et refeuilleter son livre, avant de tomber sur l'article qui est l'objet de sa recherche. Aucun de ces inconvéniens ne saurait être reproché à nos Tableaux, qui réunissent, au contraire, tous les avantages opposés. Puissent-ils, comme je l'espère, rendre moins difficultueuse et conséquemment plus générale l'Étude d'une Langue si belle, si supérieure au reste des idiômes, et qui doit nécessairement faire partie de toute Éducation littéraire, bien conçue et bien dirigée ! —

NOTIONS PRÉ

SUR LES VOYELLES

A. ALPH

1) Noms des lettres : Alpha. Bêta. Gamma. Delta. Epsilon. Zêta (dzêta). Eta. Thêta. I

2) Figures : Α, α. Β, β. Γ, γ. Δ, δ. Ε, ε. Ζ, ζ. Η, η. Θ, ϑ, θ.

3) Valeurs : a *et* aa. b. g. d. ĕ. z. ee *et* ae th. i

Cet ordre dans lequel on a coutume d'appeler les lettres, est un résultat du hasard et de l'habitude.—

4°) π, β, φ, χ; 5°) κ, γ, χ, ξ; 6°) τ, δ, θ; 7°) σ, ς, (stigma, *nom d'un caractère qui représente le σ et le τ unis ens*

B. DES V

§. 1. Monophthongues. — *Définition de la Voyelle brève, longue ou douteuse.*

1.) Les Voyelles simples sont 1) ε, ο; 2) α, ι, υ. Veut-on les doubler, 1) εε, οο; 2) αα, ιι, υυ; on ne les écrit cependant qu'une fois; mais, pour ce cas, nous les marquerons ici du signe de quantité longue (‒) : 1) ε̄, ō; 2) ᾱ, ῑ, ῡ.

1ère Remarque. ε̄ doublé s'appelle η; ō doublé s'appelle ω. Ces doublemens ont ainsi leurs signes propres, et l'on doit toujours écrire η pour ε̄, et ω pour ō; mais il n'existe pas de signe pour exprimer les doublemens des voyelles ᾱ, ῑ, ῡ.

2.) La Voyelle simple est brève; doublée, elle devient longue. On a de cette manière,

pour Voyelles brèves : ε̆, ŏ, ᾰ, ῐ, ῠ; pour Voyelles longues : η, ω, ᾱ, ῑ, ῡ. } Ainsi les caractères α, ι, υ, ne changent point suivant la brièveté ou le prolongement des sons vocaux qu'ils expriment. Aussi ces lettres ont-elles reçu le nom de douteuses, parce qu'elles sont brèves dans tel mot, et longues dans tel autre.

Récapitulation. ε̆, ŏ, doublés, donnent η, ω. — ᾰ, ῐ, ῠ, étant de même doublés, donnent ᾱ, ῑ, ῡ. Voyelles brèves : ε, ο. Voyelles longues : η, ω. Voyelles douteuses : α, ι, υ.

2me Remarque. α, ι, υ, sont appelées des Voyelles douteuses, non pas dans ce sens, que la quantité qu'elles doivent avoir dans tel ou tel mot, puisse être incertaine ou arbitraire; mais parce que ce sont des caractères destinés à représenter les sons α, ι, υ, tantôt simples, et par conséquent brefs; tantôt doubles, et par conséquent longs.

3me Remarque. La quantité longue d'une Voyelle ne peut donc provenir d'aucune autre cause immédiate que du doublement de cette même Voyelle. Au lieu de ιικον, χιιος, υυον, χευυσω, εερετο, δεελος, οοραον, χρυσοοσω, écrivez : ῑκον, χῑος, ῡον, χεῡσω, ἤρετο, δῆλος, ὥραον, χρυσώσω. La Voyelle simple ou brève, qui se trouve placée auprès de sa double ou longue, doit être absorbée par elle et disparaître. Ainsi χρυσοω, qui n'est autre chose que χρυσοοο, devient χρυσῶ, et φιλέηται qui représente φιλεεεται, se change en φιλῆται.

4me Remarque. Les sons représentés par les lettres E, A, O, se forment dans la partie la plus profonde de l'appareil vocal, et peuvent, par cette raison, être appelés Voyelles profondes. Ce sont, au contraire, le palais et les lèvres qui profèrent les sons indiqués par les caractères I et Y : cette circonstance peut leur faire donner le nom de Voyelles antérieures.

C. DES CO

§. 3. Analogies des consonnes entr'elles. *Rapport des Consonnes* Π. Κ. Τ. — *Règles de la transmutation des Consonnes.*

Il existe entre certaines consonnes un rapprochement très-marqué, résultant de leur manière de sonner. 1) π, β, φ, donnent des sons presque identiques et dont la différence provient uniquement d'une légère aspiration, propre à la seconde de ces consonnes, et d'une aspiration très-forte qui a lieu quand on profère la troisième. 2) Le même degré d'identité existe par les mêmes raisons, entre les consonnes κ, γ et leur aspirée χ. 3) La même chose doit être dite des trois consonnes τ, δ, θ. On a de cette manière :

1° le son de Π et ses modifications :	π. β. φ.	De ces neuf consonnes on prononce brèvement et sans aucune aspiration π, κ, τ, que, pour cette raison, l'on appelle *tenues*. On aspire fortement φ, χ, θ, qui reçoivent de cette circonstance le nom d'*aspirées*. L'aspiration moins forte, propre aux consonnes β, γ, δ, marque leur place entre les tenues et les aspirées, et les fait désigner par le nom de *moyennes*. *Ainsi*, les tenues (1), les moyennes (2) et les aspirées (3) sont respectivement semblables, quant à leur mode d'aspiration. —
2° K.	κ. γ. χ.	
3° T.	τ. δ. θ.	

1° Tenues.	π. κ. τ. (1 1 1)	Ces neuf lettres ensemble sont appelées *muettes*, et l'on doit s'accoutumer à les considérer sous le double point de vue des rapprochemens produits entr'elles par les diverses modifications des trois sons principaux, π, κ, τ, et des autres rapports qu'elles ont ensemble à raison de leurs degrés d'aspiration, qui les font distinguer en tenues, moyennes et aspirées.
2° Moyennes.	β. γ. δ. (2 2 2)	
3° Aspirées.	φ. χ. θ. (3 3 3)	

1ère Remarque. Pour que l'un des sons du π, ou l'un des sons du κ puisse être placé immédiatement avant l'un des sons du τ, il faut nécessairement qu'il ait le même degré d'aspiration que celui-ci. On ne doit donc pas dire :

λελεγται, τετριβται, βεβρεχται, γεγραφται, οκδοος, ραπδος, επλεκθεν, ελειπθεν, ελεγθεν, ετριβθεν;

mais bien : λελεκται, τετριπται, βεβρεκται, γεγραπται, ογδοος, ραβδος, επλεχθεν, ελειφθεν, ελεχθεν, ετριφθεν.

2me Remarque. Si deux syllabes qui se suivent immédiatement, commencent l'une et l'autre par une Consonne aspirée, celle de la première syllabe doit être changée en sa tenue. On ne dit donc point :

φεφιληκα, χεχρυσωκα, θριχος;

mais bien : πεφίληκα, κεχρύσωκα, τριχός.

ET LES CONSONNES.

ABET.

ta. Cappa. Lambda. Mu. Nu. Xi. Omicron. Pi. Rho. Sigma. Tau. Upsilon. Phi. Chi. Psi. Oméga.
, ι. K, κ. Λ, λ. M, μ. N, ν. Ξ, ξ. O, ο. Π, π. P, ρ. Σ, σ, ς. T, τ. Υ, υ. Φ, φ. X, χ. Ψ, ψ. Ω, ω.
t ii. k, c. l. m. n. x. o. p. r. s. t. u *et* uu. ph. ch. Ps. oo.
-Des raisons qu'on va faire connaître, établissent des rapprochemens très-marqués entre 1°) ε, η; 2°) ο, ω; 3°) α, ι, υ;
mble) ζ; 8°) λ, μ, ν, ρ.

VOYELLES.

§. 2. Diphthongues. — *De leur origine.* — *Prononciation de quelques syllabes*

On appelle *Diphthongue,* le son composé qui résulte de l'émission simultanée d'une Voyelle profonde et d'une Voyelle antérieure.

En conséquence de cette définition, toutes les unions de Voyelles présentées dans le tableau qui va suivre, sont des Diphthongues.

ε. ει, ευ. — η. ηι, ηυ.
ο. οι, ου. — ω. ωι, ωυ.
α. αι, αυ. — ᾱ. ᾱι, ᾱυ.

1ère Remarque. Il est d'usage, quand l'iôta suit une Voyelle longue, de l'écrire, non pas à la suite de cette Voyelle, mais au-dessous, et figuré comme une espèce de point. C'est ce que l'on appelle iôta souscrit. On ne doit donc pas écrire ηι-ωι-αι; mais bien ῃ-ῳ-ᾳ.

2me Remarque. On donne aussi pour une Diphthongue l'union des Voyelles υι; mais, dans l'origine, l'iôta se prononçait avec une aspiration, indiquée par le digamma éolique, et d'une valeur à-peu-près semblable à celle de notre V, ou du W des Allemands. Ainsi le mot υἱός devait se prononcer comme *uvhios*; μεμαυῖα (fém. de μεμαώς, part. parf. moy. de μάω) donnait à-peu-près *memauvhia,* et l'on voit que, dès-lors, ces deux Voyelles ne formaient pas une Diphthongue.

3me Remarque. Au lieu de αο, l'on prononce ordinairement ω; au lieu de εα et de αα, l'on prononce η. Ainsi la Voyelle η doit sonner différemment selon qu'elle est, ou le simple doublement de ε, ou la contraction soit de εα, soit de αα. Elle doit avoir un son plus clair dans φιλήσω, qui représente φιλεεσω, plus sourd dans ἤν et φημί, qui tiennent lieu de ἐάν et de φααμι. —

4me Remarque. Il existe un son composé qui tient le milieu entre ε et ι; et la diphthongue ου n'est elle-même qu'une manière sourde de prononcer ο, qui le fait se rapprocher de υ. Si l'on prolonge l'émission des Voyelles ε, ο, sans en bien soutenir l'éclat, on tombe dans les Diphthongues ει, ου. Il faut s'habituer dès-à-présent à bien distinguer l'extension des Voyelles ε, ο, qui a pour effet de produire ces Diphthongues, de leur doublement exprimé par η, ω.

CONSONNES.

§. 4. Π. K. T. *devant un* σ *ou un* μ. — *Doubles-Consonnes.* — *Semi-Voyelles.* — *Prononciation de quelques Consonnes.*

1) Quand la Consonne π, ou l'une de ses analogues se trouve devant un σ, il s'en forme la double lettre ψ. Cette double lettre tient donc lieu de πσ, ou de βσ, ou de χσ. Au lieu de βλεπσω, τριβσω, γραφσω, il faut donc écrire : βλέψω, τρίψω, γράψω. —

2) Quand un κ, ou l'une des Consonnes qui s'y rapportent, est placé avant un σ, les deux ensemble se changent en un ξ. Cette lettre ξ représente donc κσ, ou γσ, ou χσ. Au lieu de πλεκσω, λεγσω, βρεχσω, écrivez donc : πλέξω, λέξω, βρέξω. —

3) Si la lettre τ, ou l'une de ses congénères, est placée avant un σ, celui-ci doit être supprimé. Il faut donc au lieu de ἀνυτσω, ἐρειδσω, πειθσω, écrire : ἀνύσω, ἐρείσω, πείσω.

1ère Remarque. α) C'est par ces raisons que ξ et ψ s'appellent des doubles-consonnes. Il faut ajouter que ζ est un signe qui remplace σδ, et que ς tient lieu de στ, de manière que l'un et l'autre peuvent aussi être regardés comme des doubles-consonnes.

β) Faites encore attention à la prononciation, pour ainsi dire mouillée des Consonnes λ, μ, ν, ρ, qui reçoivent, à cause d'elle, le nom de Consonnes liquides, ou de semi-Voyelles, et qui donnent lieu à un mode spécial de conjugaison.—

4) Quand la Consonne π, ou l'une de ses analogues, précèdent immédiatement un μ, elles se changent en un autre μ. Au lieu de τετυπμαι (plus exactement τετυπτμαι), τετριβμαι, γεγραφμαι, écrivez : τέτυμμαι, τέτριμμαι, γέγραμμαι.

5) Le κ ou son aspiré, placés avant un μ, doivent être remplacés par un γ; πεπλεκμαι, βεβρεχμαι, deviennent par conséquent πέπλεγμαι, βέβρεγμαι; et λέλεγμαι, venant de λέγω, reste sans changement.

6) Si le τ, ou l'une des lettres qui sonnent à-peu-près comme lui, viennent à précéder immédiatement un μ, ils se changent en σ. ἠνυτμαι, ἠρειδμαι, πεπειθμαι donneront donc ἤνυσμαι, ἤρεισμαι, πέπεισμαι. —

2me Remarque. Lorsque deux des lettres τ, δ, θ, se trouvent ensemble, la première doit être remplacée par un σ; au lieu de πεπειθται, ἐψειδθην, il faut écrire : πέπεισται, ἐψείσθην.

3me Remarque. N devant π, β, φ, et par conséquent devant ψ, se prononce comme un μ. Il se prononce encore de même, quand il précède cette même lettre μ. Mais devant κ, γ, χ, et la double consonne ξ, il doit être prononcé comme un γ, ou plutôt comme *ng*, dans notre mot *harangue*. Ainsi cette phrase : τὸν πόλεμον καὶ τὴν μάχην φεύγειν, doit être prononcée de la manière suivante : *tom polemong kai taem machaem pheugein.* Aussi les anciens Grecs écrivaient-ils : τομ πολεμογ και τημ μαχημ φευγειν. Aujourd'hui, ce n'est que dans le corps des mots que μ et γ sont ainsi substitués à ν. λαν-βανω, λιν-πανω, πεφαν-μαι, πεφαν-κα, τυν-χανω, φυν-γανω, s'écrivent : λαμβάνω, λιμπάνω, πέφαμμαι, πέφαγκα, τυγχάνω, φυγγάνω.

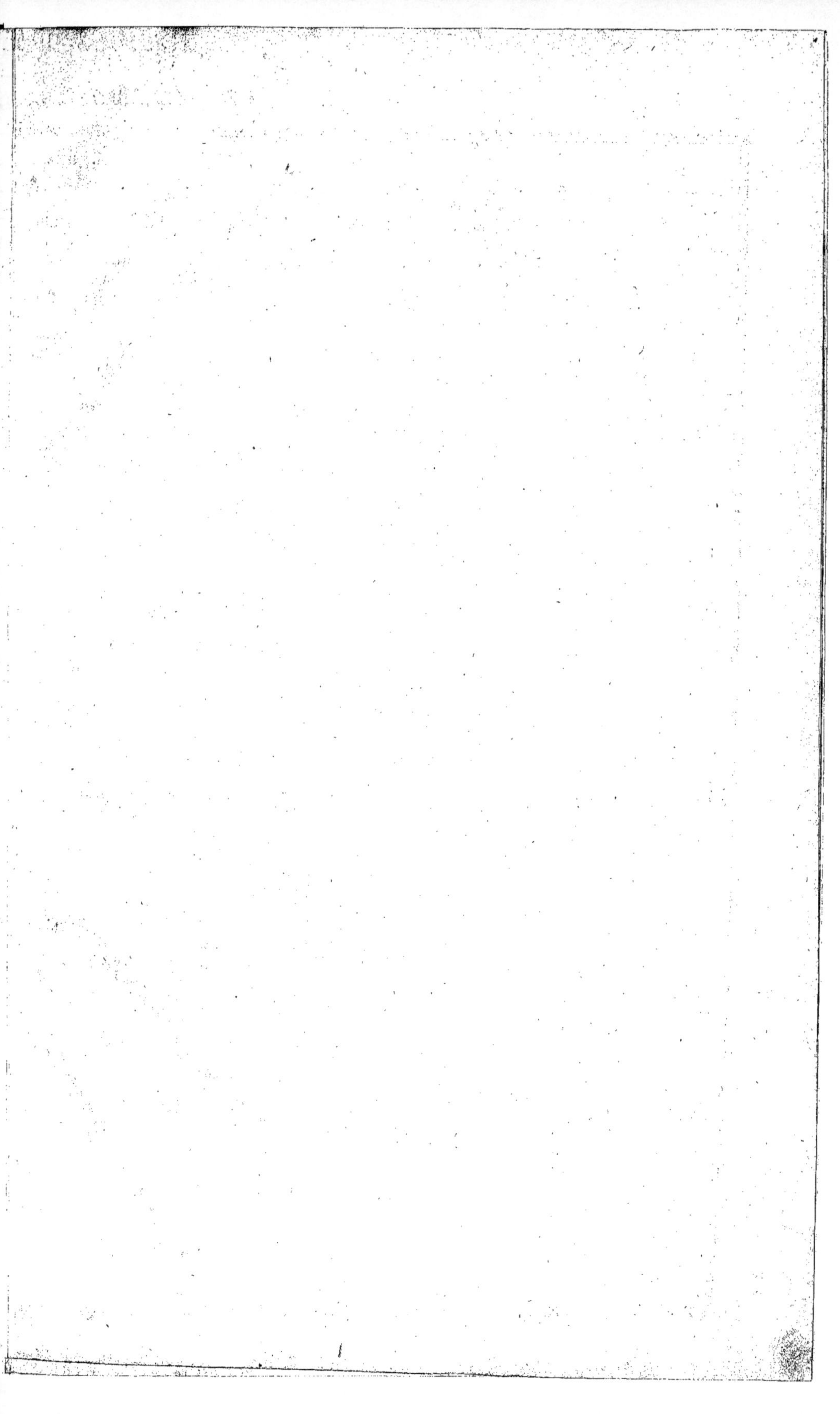

NOTIONS PR

DES SYLLABES ET D

A. DES S

§. 5. Formation et étendue des syllabes. — *Éloignement des Consonnes accumulées.*

1) La formation d'une syllabe résulte de l'émission du son d'une Voyelle ou d'une Diphthongue, articulée ou non articulée avec une consonne : ἐ-γώ. σό-ος. ἔ-λει-πε.

1ère Remarque. La Voyelle peut avoir une Consonne avant ou après elle. Elle peut même être suivie de l'une des Consonnes appelées doubles : μῆν, γοῦν, τύψω, κό-ραξ. Mais quand deux Consonnes distinctes terminent une syllabe isolée ou finale, cette circonstance indique, pour l'ordinaire, qu'une Voyelle a été élidée. Ainsi ὦρσ' tient lieu de ὦρσε, dont l'épellation est ὦρ-σε.

2me Remarque. A la Consonne qui commence une syllabe, peut se joindre encore une des Consonnes muettes ou liquides; comme dans σκαι-ός, δρῷν, θρᾴξ. Il n'existe qu'un petit nombre de cas où se trouvent transgressées les règles de cet arrangement, comme dans le mot ἅλς, et quand un Σ précède une muette que suit une liquide, concours dont les mots ci-après donnent des exemples : σκληρός, σπλήν, σφραγίς, στρωτός, στρατός.

3me Remarque. Ce qui précède suffit pour établir la manière de diviser les syllabes. Cette épellation doit avoir lieu de façon qu'aucune syllabe ne soit terminée par deux Consonnes. Exemple : πολ-λα. τα. δει-να. κου-δεν. ἀν-θρω-πων. δει-νο-τε-ρον. πε-λει. Des Consonnes qui peuvent commencer un mot, ne doivent pas être séparées en épelant. L'épellation du mot ἄστρωτος donne ἄ-στρω-τος, celle d'ἀσκληπιός, ἀ-σκλη-πι-ός, parce qu'il y a des mots qui commencent par στρ, et d'autres dont les premières lettres sont σκλ.

2) N avant Σ doit être supprimé. Pour αἰωνσι, écrivez αἰῶσι; au lieu de δαιμονσι, mettez δαίμοσι.

3) Quand un Σ se trouve entre deux Consonnes, il faut aussi le faire disparaître. Au lieu de πεπλεκσθον, écrivez πεπλεκθον (et suivant ce qui a été dit §. 3. 1, πέπλεχθον); au lieu de γεγραφσθαι, écrivez γεγράφθαι.

4) Lorsque l'on rejette un N et un T placés avant un Σ, les Voyelles brèves qui précédaient ces Consonnes doivent subir un changement. ε est remplacé par la Diphthongue longue ει; ο par la Diphthongue longue ου; les brèves ᾰ, ῐ, ῠ, se doublent, ou, ce qui est la même chose, se changent en leurs longues ᾱ, ῑ, ῡ. Il n'y a rien à changer aux Voyelles longues η, ω. Au lieu de σπενδσω, τυπτοντσι, τετυφαντσι, δεικνυντσι, écrivez : σπείσω, τύπτουσι, τετυφασι, δεικνυσι. — τύπτωντσι fait τύπτωσι. —

B. DES

§. 7. Des radicaux doubles. — *Transformation de la forme longue en forme brève. — Division des verbes en trois classes, prise des diverses terminaisons de leurs radicaux.*

1) Le radical d'un mot est formé des lettres ou des Syllabes qui servent de base constante à toutes les formes que peut prendre ce mot. λείπω, ἔλειπον, λείπηται, ont pour radical λειπ; dans καλέω, καλέσας, καλέσαιμι, le radical est καλε.

2) Le radical est long, quand il est formé d'une syllabe longue, ou, lorsqu'ayant plusieurs syllabes, c'en est une longue qui le termine. Exemple : πειθ, γενου, βαλλ, ἐρειδ, ἀμειβ, ἀγγελλ.

3) Le radical est bref, si la syllabe qui le forme, ou, dans le cas de pluralité de syllabes, celle qui le termine, a la quantité brève. Exemple : λιπ, φραδ, βαλ, ἀκο, ἀλο, περα.

4) En conséquence, un radical long devient bref, quand sa dernière syllabe subit ce changement de quantité.

Radicaux longs : ἀγγελλ, ἐρειδ, ἀκου, αἰρ, πευθ, φραζ.

Substitution des formes brèves : ἀγγελ, ἐριδ, ἀκο, ἀρ, πυθ, φραδ.

5) Si au radical entier d'un verbe on ajoute ω, on forme la première personne du présent de l'indicatif. λειπ, φιλε, ἀγγελλ, donnent alors λείπ-ω, *j'abandonne ;* φιλέ-ω, *j'aime ;* ἀγγέλλ-ω, *j'annonce.*

6) Tout verbe régulier doit avoir un radical terminé par une Voyelle, ou par une Consonne muette, ou par une Consonne liquide. Quand on trouve un verbe où ce principe semble violé, l'on peut être sûr que son radical primitif aura changé de forme par quelque addition de lettres. Il faut alors, dans tous les temps, excepté le présent et l'imparfait, débarrasser le radical de ces lettres additionnelles, et le ramener à l'une des trois conditions que nous venons de faire connaître.

Remarque. On rencontre fréquemment des radicaux de verbes, terminés en σσ, ou dont la dernière lettre est un ζ. Presque toujours dans les premiers, et fort souvent dans les seconds, ces lettres terminales doivent être ramenées à un K, ou à l'une des muettes qui lui sont analogues. Ainsi, φρισσ, πρασσ, ταρασσ, στεναζ, παιζ, dans tous les temps autres que le présent et l'imparfait, se changent en φρικ, πραγ, ταραχ, στεναχ, παιγ. (Comparez §. 8. 2.)

7) De ce que nous venons de dire, il résulte que, relativement au mode de conjugaison, les verbes se distinguent en trois classes : la première, celle des verbes purs, dont le radical se termine par une Voyelle; la seconde, celle des verbes muets, dont le radical finit par une Consonne muette; la troisième, celle des verbes liquides, dont le radical a pour dernière lettre une Consonne liquide.

RACINES DES MOTS.

LLABES.

§. 6. Quantité longue ou brève des syllabes. — *Changement des syllabes longues en brèves.*

Ce qui dans une syllabe précède la Voyelle, n'est d'aucune considération relativement à la quantité de cette syllabe, et l'on ne doit tenir compte que de la Voyelle et des Consonnes dont elle est suivie. Ainsi, dans σκληρός, σκλ ne fait rien à la quantité de la première syllabe, parce que ces trois Consonnes sont placées avant la Voyelle.

1) Une syllabe est brève, quand sa Voyelle est brève comme ε, ο, α, ι, υ, et, tout au plus, suivie d'une seule Consonne simple: ἔ-λι-πον. ο-θεν. ο. πο-λυ-φα-τος. La quantité brève n'est donc jamais déterminée que par la condition de Voyelle simple.

2) Une syllabe est longue, 1° par nature, 2° par position. La syllabe longue par nature est celle qui est formée, soit d'une Voyelle doublée, comme η, ω, α, ι, υ; soit d'une Diphthongue. Exemple: ποι-αν. η. ταυταν. η. κει-ναν. στει-χω. La syllabe longue par position est celle qui n'a qu'une Voyelle simple, mais suivie de deux Consonnes, comme dans λεκτος, φρᾶζω. La quantité longue résulte donc toujours du doublement de quelque lettre, soit Voyelle double, ou Diphthongue, ou double-consonne.

3) Une syllabe longue ne pouvant l'être que par le concours de deux lettres, devient nécessairement brève, si l'une de ces lettres est supprimée. Ainsi les syllabes longues de τεινειν, ἀκουειν, τεμνειν, τυπτειν, deviennent brèves dans τενειν, ἀκοειν, τεμειν, τυπειν.

1ère Remarque. Pour convertir en brève, une Voyelle devenue longue parce qu'elle est immédiatement suivie de la double-consonne ζ, on retranche de cette double lettre le σ qui entre dans sa composition, et on ne lui laisse que le δ; de cette manière, φραζω devient φραδω. Les Diphthongues ει et ευ qui précèdent une Consonne muette, deviennent brèves par le retranchement de leur ε. λειπω, φευγω se changent en λιπω, φυγω.

2me Remarque. Avec un peu d'habitude, il sera facile d'exercer le procédé contraire, et de convertir les syllabes brèves φιδ, πιθ, τυχ et d'autres semblables, en leurs longues φειδ, πειθ, τευχ, etc.

3me Remarque. Quand de λήθειν on fait λᾶθειν, cela fait voir que primitivement le radical avait un α, auquel on a, par la suite, substitué la longue η (Voy. §. 2, *Remarq.* 3.). Les exemples de ce rétablissement de la Voyelle brève sont nombreux: ἡδ, μηθ, στη, βη, φη, φην perdent la quantité longue, en devenant ἁδ, μαθ, στα, βα, φα, φαν. —

RADICAUX.

§. 8. Modifications du radical. — *Additions qui peuvent y être faites.* — 1°, *celle de l'augment*; 2°, *celle de diverses Consonnes.*

1) Il existe deux cas dans lesquels le radical d'un verbe reçoit une addition qui devient son commencement, et que l'on appelle *augment*, en terme de grammaire. Le premier de ces cas a lieu quand le mot radical commence par une Consonne, et l'augment se compose alors de la Voyelle ε. Avec l'augment, τυπτ. fait ἐτυπτ; λεγ. fait ἐλεγ. Si le radical commence par un ρ, cette Consonne doit être doublée; de ῥιπτ, on fera ἐῤῥιπτ. Le second cas qui demande l'augment, est celui où le radical verbal commence par une Voyelle; mais l'augment ne consiste alors que dans le doublement de cette même Voyelle, comme nous l'allons faire voir dans les exemples suivans, où ἐρ. ὀχε. ἡκ. ὠθε. ἁνδαν. ἰκ. ὑβριζ. ει. εὐχ. οἰκε. αἰρ. αὐχ.

se changent en: ἠρ. ὠχε. ἡκ. ὠθε. ἡνδαν. ἰκ. ὑβριζ. ῃ. ηὐχ. ᾠκε. ᾑρ. ηὐχ.

1ère Remarque. a) On voit quelquefois aussi une syllabe longue prendre ε pour augment. ᾶγ se transforme en ἠγ; mais ᾶγ doit être changé en ἑαγ; ὁρα, dans les temps qui prennent l'augment, peut faire ὡρα, ou bien: ἑορα. b) ε, commençant un radical verbal, prend souvent son augment en ει (§. 2, Remarq. 4); ἐχ, εἰχ; ἐργαζ, εἰργαζ. c) Quand une préposition précède le radical, l'augment doit, naturellement, ne venir qu'après cette préposition. Exemple: ἀντι-λεγ, ἀντι-ε-λεγ, ἀντελεγ.

2) Après sa dernière lettre, un radical verbal en reçoit par fois quelques autres, dont l'addition se fait sans être assujétie à aucune règle constante. Les lettres qu'il est d'usage d'ajouter ainsi, sont ΣΚ, ou ΣΧ, ou ΣΣ, ou Z. Pour alonger de cette manière un radical verbal, il faut auparavant lui retrancher sa Consonne finale, s'il en a une. De γηρα, on fait γηρασκ; de διδαχ, διδασκ; παθ doit se changer en πασχ; αἰδ, en αἰσχ (comme le fait voir αἰσχ-υνω, qui vient de αἰδ-ώς); à πραγ on fait succéder πρασσ; à φρικ, φρισσ; à στεναχ, στεναζ; à παιγ, παιζ. —

2me Remarque. Dans un radical à la fin duquel on ajoute un ε, la même Voyelle, si elle s'y trouve déjà, se change communément en ο. De λεγ on fait λογε; φερ se change en φορε. Si ε est la dernière Voyelle d'un radical qui reçoit l'une des additions de Consonnes dont nous avons parlé, il se change en ι. Ainsi εχ recevant les Consonnes σχ, devra faire non pas εχσχ, ni même εσχ, mais bien ισχ. ανθε, par l'addition du ζ, se convertit en ἀνθιζ; στερε, en στερισχ et στεριζ. Il en va de même, lorsque l'addition n'est que d'une seule Consonne: γεν augmenté de γ, ne doit pas faire γεγν, mais γιγν; τεκ recevant l'addition d'un τ, doit s'écrire τικτ.

3me Remarque. La Voyelle finale d'un radical, dans le cas d'une addition de Consonnes, se double très-fréquemment. θνα avec σκ, fait θνησκ; βο fait βωσκ. Il arrive aussi quelquefois de placer ι au commencement de la forme alongée du radical et de répéter avant cet ι, la première Consonne du mot racine. Exemple: γνο, γνωσκ, γιγνωσκ; τρο, τρωσκ, τιτρωσκ.

3) Une manière fort usitée d'alonger les radicaux des verbes à leur extrémité finale, consiste à mettre un ν avant la Consonne qui les termine, et la syllabe αν après cette même Consonne.

Radicaux brefs.	μαθ.	ἁδ.	πυτ.	φυγ.	τυχ.	λιπ.	λαβ.
Formes alongées. écriv.	μα-νθ-αν.	ἁ-νδ-αν.	πυ-νθ-αν.	φυ-νγ-αν.	τυ-νχ-αν.	λι-νπ-αν.	λα-νβ-αν.
	μανθαν.	ἁνδαν.	πυνθαν.	φυγγαν.	τυγχαν.	λιμπαν.	λαμβαν,
Formes long. primit. . .	μηθ.	ἡδ.	πευθ.	φευγ.	τευχ.	λειπ.	ληβ.

4me Remarque. Il est aisé par conséquent, de retrouver dans une forme ainsi alongée, la forme brève qui lui a donné naissance, et de composer avec celle-ci la forme longue primitive. Il n'y a nulle difficulté à trouver dans λιμπαν le radical ancien λιπ, non plus qu'à convertir celui-ci en sa forme longue primitive λειπ.

4) Toute addition reçue par un radical verbal ne peut être admise qu'au présent et à l'imparfait, et doit disparaître dans la formation de tous les autres temps, ainsi que les changemens nécessités par elle. —

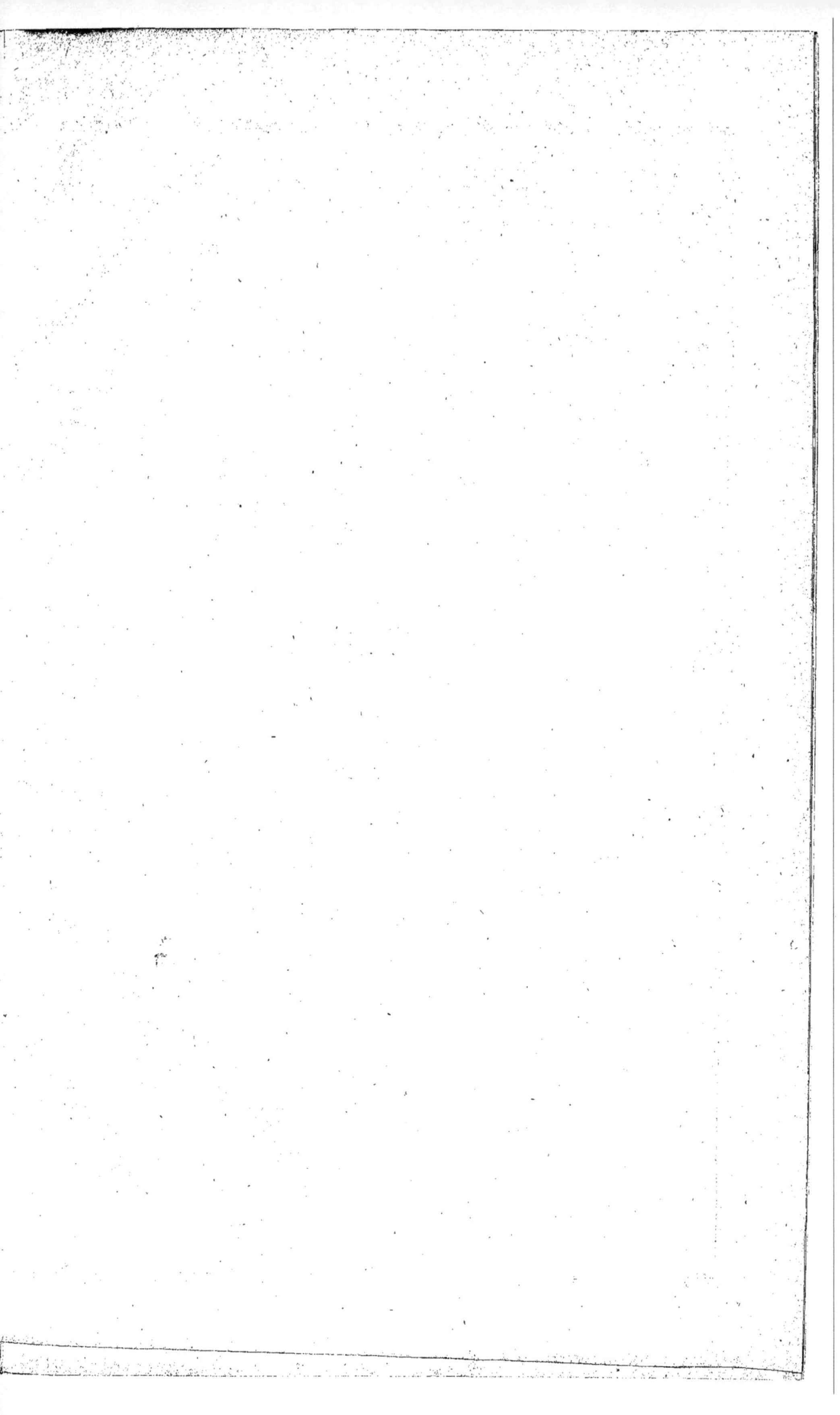

DE LA V
FORMATIO

§. 9. IN

1) Ainsi que dans les autres langues, il faut en grec, distinguer trois temps principaux : 1) le Présent, 2) le Futur et 3)
parfait. Souvent le futur et son temps secondaire se présentent sous deux formes différentes, dont l'une vient du radical
ou seconds. Les temps se trouvent donc portés au nombre de huit; ils sont comme accouplés par deux, et les deux temp
présenter dans l'ordre suivant.

1.	*a.* Présent.	2.	*a.* Futur bref ou second.
	b. Imparfait.		*b.* Aoriste bref ou second.

Remarque. Peu de verbes ont toutes les formes des temps; beaucoup n'en ont que quelques-unes.

2) Les temps secondaires prennent l'augment, mais seulement à l'indicatif. Le parfait le prend de même et le conserve
s'ajoute une seconde fois avant ce *redoublement :* τυπτ. ἐτυπτ. τετυπτ. ἐτετυπτ. Temps principaux : φιλε; temps secondaires: ἐφι
ἐθε, τεθε, ἐτεθε. Le radical οἰκε devient dans les temps secondaires et au parfait ᾠκε. Ἐλπιζ fera ἠλπιζ. Si le radical commence par
dical (redoublement attique); ἐρειδ fait ἐρηρειδ; ἀκο fait ἀκηκο.

1ère Remarque. L'augment ε s'ajoute seul aux parfait et plus-que-parfait, quand le radical commence par deux Conso
Consonnes γν. Ainsi, ψευδ, partout où il recevra l'augment, devra faire ἐψευδ; ζητε devra faire ἐζητε, que ce soit au

2me Remarque. D'après ce qui a été dit (dans le tableau précédent et dans celui-ci), on suppose connues la manière d
ment. Si, par exemple, on veut avoir l'aoriste bref ou second de λειπ-ω, il faut d'abord changer la quantité du
donnera ἐφαν. Pourquoi, dans les mêmes circonstances, fait-on de αἰρ, ἡρ; de πρασσ, ἐπραγ; de φραζ, ἐπεφραδ? Comm
choses une fois bien apprises, il reste à savoir ajouter les terminaisons. Sait-on, par exemple, que le parfait pass.
paragraphes, on ne forme de λειπω, parfait pass. (λελειπ-μαι), λέλειμμαι; aoriste 1er pass. (ἐλειπ-θην), ἐλείφθην; de οἰκέ-ω, ᾤκ
et de même pour d'autres verbes.

3) Pour se bien assurer des terminaisons de l'actif, il faut graver dans sa mémoire l'ordre des temps, tel que nous l'avons
1. Présent et imparfait. | 2. Futur second et aoriste second. | 3. Futur premier et aoriste premier. | 4. F

Remarque. A le bien prendre, la doctrine de la formation des temps est toute entière dans ce peu de règles; il ne faut

§. 10. VER

Dans cette classe de verbes, la quantité du radical ne pouvant être diminuée, les futurs et aoristes brefs ou seconds ne
finale de celui-ci se change en sa longue (§. 8, 3me Remarque) le plus ordinairement, parce que la voix s'y doit arrêter plus
leur donne une forme plus prononcée. On ne dit point τεθνα-α, mais bien (τέθνα-κα) τέθνη-κα. Il en est de même pour πεφίληκα,

		Présent.	Imparf.	Fut. 1er	Aor. 1er	Parf.	pl
Radicaux :	οἰκε	οἰκέ-ω.	ᾤκε-ον.	οἰκή-σω.	ᾤκη-σα.	ᾤκη-κα.	ᾠκ
	χρυσο	χρυσό-ω.	ἐχρύσο-ον.	χρυσώ-σω.	ἐχρύσω-σα.	κεχρύσω-κα.	ἐκ

Remarque. C'est seulement lorsque la quantité du radical peut devenir brève, comme dans ἀκού-ω,

§. 11. VERBES A

1) Quand la lettre Σ vient s'accoler à quelqu'une des Consonnes muettes, cette circonstance nécessite les changemens
(τυπ-σω | τυπσω) τύψω; pour λέγω, (λεγ-σω) λέξω; pour πείθω, (πειθ-σω) πείσω. 2) Les parfaits changent fréquemment ε en ο : πείθω
Exemple : τέτυπ-α, et τέτυφα, ἐτετύφειν; πειθ, (πέπειθ-α) πέπεικα, ἐπεπείκειν.

Radical τυπ. Temps : I. *Présent et son temps secondaire :* τύπτω-ἔτυπτον. II. *Double-futur et temps secondaires :*

Radicaux : φευγ. / πειθ. } réduits à la quantité brève :	φυγ.	φεύγ-ω,	ἔφευγον.	φυγέω,	ἔφυγον.	
	πιθ.	πείθ-ω,	ἔπειθον.	πιθέω,	ἔπιθον.	
Formes diverses dont il faut trouver les radicaux :		βρέχω,	ἔβρεχον.	φραδέω,	ἔφραδον.	
		λείπω,	ἐτύγγανον.	πραγέω,	ἔπραγον.	

§. 12. VERBES A

A. Excepté le présent et l'imparfait, les temps usités de ces verbes empruntent la forme brève du radical. B. En outre de la f
n'ont que la dernière comme κάμνω. De-là vient que le futur bref affecte souvent la double forme, comme τεμέω et ταμέω; ma
termine simplement par α; mais il convertit en sa longue la Voyelle brève du radical bref, et change ε en la Diphthongue ει.

Radicaux :	φαιν	φαίν-ω,	ἔφαινον.	φανέω,	ἔφανον.	—	ἔφηνα.	πέφηνα,
	σπειρ	σπείρ-ω,	ἔσπειρον.	σπαρέω,	ἔσπαρον.	—	ἔσπειρα.	ἔσπορα,
Formes diverses :		εὐφραίνω,	εὔφραινον.	κρινέω,	ἔκρινον.	—	ἔκτεινα.	μέμονα,
		κρῖν-ω,	ἔτεινον.	περέω,	ἤμυνον.	—	ἐσήμανε.	ἔφθορα,

DES TEMPS.

DUCTION.

rfait, à chacun desquels se rattache *par la forme*, un temps secondaire, savoir : 1) l'*Imparfait*, 2) l'*Aoriste*, 3) *le Plus-que-*
g, et l'autre du radical *bref;* on a, par ce moyen, un futur et un aoriste longs ou premiers; puis un futur et un aoriste brefs
un même couple se formant de la même manière, peuvent être tirés du radical par le même procédé. On a coutume de les

3. *a.* Futur long ou premier.
b. Aoriste long ou premier.

4. *a.* Parfait.
b. Plus-que-parfait.

ns tous les modes. S'il commence par une Consonne, elle se répète avant l'augment, et, dans le plus-que-parfait, l'augment
parfait : (φεφιλε) πεφιλε; plus-que-parfait : ἐπεφιλε. Ainsi pour le radical χρυσο, l'on aura ἐχρυσο, κεχρυσο, ἐκεχρυσο; pour le radical θε,
Voyelle immédiatement suivie d'une Consonne, il faut, avant l'augment du parfait, répéter toute la première syllabe du ra-

s qui ne sont liquides ni l'une ni l'autre, ou, ce qui revient au même, par l'une des lettres doubles ψ, ξ, ζ, ou enfin par les
rfait, ou au plus-que-parfait, ou à n'importe quel autre des temps secondaires.
ommoder le radical d'un verbe à chacun de ses temps, et les modifications que ce radical doit subir par l'apposition de l'aug-
lical de longue en brève, puis y apposer l'augment; on obtiendra, par cette double opération, l'aoriste ἐλιπ; φαιν, ainsi traité,
θνησκ peut-il, à l'un de ses parfaits, devenir τεθνα? D'où vient que φθιν, à son plus-que-parfait, n'est alongé que d'un ε, ἐφθιν. Ces
termine en μαι, l'aoriste 1er pass. en θην, rien n'empêche plus qu'avec le souvenir des choses expliquées dans les huit premiers
, pour le parfait pass., et pour le 1er aoriste de la même voix, ᾠκήθην. On pourra même de τιτρώσκω, arriver à τέτρῶμαι et ἐτρώ-θην,

oli, et les terminaisons exposées dans ce même ordre.—
ait et plus-que-parfait.=Terminaisons : ω—ον. | εω—ον. | σω—σα. | α—ειν.—
us que distinguer les trois classes des verbes, exercer l'élève à l'application des règles, et lui faire connaître les exceptions.—

S EN ω PUR.

t pas en usage. Il y faut aussi remarquer que quand une Consonne vient se placer immédiatement après le radical, la Voyelle
ngtemps. Χρυσο, futur 1er χρυσώσω. Le parfait et le plus-que-parf. prennent un κ entre le radical et leurs terminaisons, ce qui
εφιλήκειν, et pour les mêmes temps des autres verbes en ω pur.

q.-parf.		Présent.	Imparf.	Fut. 1er	Aor. 1er	Parf.	Plus-q.-parf.
ιν.	τιμα	τιμάω.	ἐτίμαον.	τιμήσω.	ἐτίμησα.	τετίμηκα.	ἐτετιμήκειν.
υσώ-κειν.	τι	τίω.	ἔτιον.	τῑσω.	ἐτῑσα.	τετῑκα.	ἐτετίκειν.

ω, qu'il se peut former quelques temps brefs ou seconds.—

ONSONNE MUETTE.

osés dans le §. 4. Dans le verbe τύπτω, choisi pour paradigme, le radical est τυπ, renforcé par la lettre τ; on a donc au futur
parf. πέποιθα; ils mettent souvent les aspirées du Π et du Κ à la place de ces Consonnes, et substituent volontiers le Κ au Θ.

ίω, ἔτυπον; τύψω, ἔτυψα. *Double-parfait et temps secondaires :* τέτυπα, ἐτετύπειν; τέτυφα, ἐτετύφειν.

φεύξω,	ἔφευξα.	πέφευγα,	ἐπεφεύγειν.	πέφευκα,	ἐπεφεύκειν.
πείσω,	ἔπεισα.	πέποιθα,	ἐπεποίθειν.	πέπεικα,	ἐπεπείκειν.
ᾄσω,	ᾖσα.	λέλοιπα,	ἐλελοίπειν.	κέκρυφα,	ἐκεκρύφειν.
τινάξω,	ἤλπισα.	ἔοικα,	ἐπεφρίκειν.	ἧκα,	πέπομφα.

ONSONNE LIQUIDE.

rme par ε, les radicaux de ces verbes ont ordinairement, même à leur présent, la forme par α. Exemple : τέμνω et τάμνω; d'autres
l'aoriste bref et les autres temps n'ont jamais que la forme par α. C. Le futur long manque communément; l'aoriste long se
Ainsi de τιλλ, on fait ἔτιλα, et de τελλ, ἔτειλα.

πεφήνειν.		
σπόρειν.	et ἔσπαρκα,	ἐσπάρκειν.
ἐμεμόνειν.		
ἐπεπλύκειν.	ἤγγελκα,	ἐκτάνειν.

1re Remarque. Pour les verbes dont le radical se termine par ρ ou par λ, on a quelquefois les futur et aoriste premiers formés à la manière ordinaire. ὄρω, aor. 1. ὦρσα; κέλλω, fut. κέλσω.

2me Remarque. Quand la Consonne Ν termine le radical, et se trouve placée après l'une des Voyelles ι, υ, ou après la Diphthongue ει, elle doit être supprimée dans la formation des temps. κταν (venant de κτειν) a pour parf. ἔκτακα; κριν, κέκρικα; πλυν, πέπλυκα; parce que primitivement ce ν ne faisait point partie du radical. Ainsi πίνω, qui fait à l'aoriste bref ἔπιον, avait πι, et non pas πιν pour forme première de son radical.—

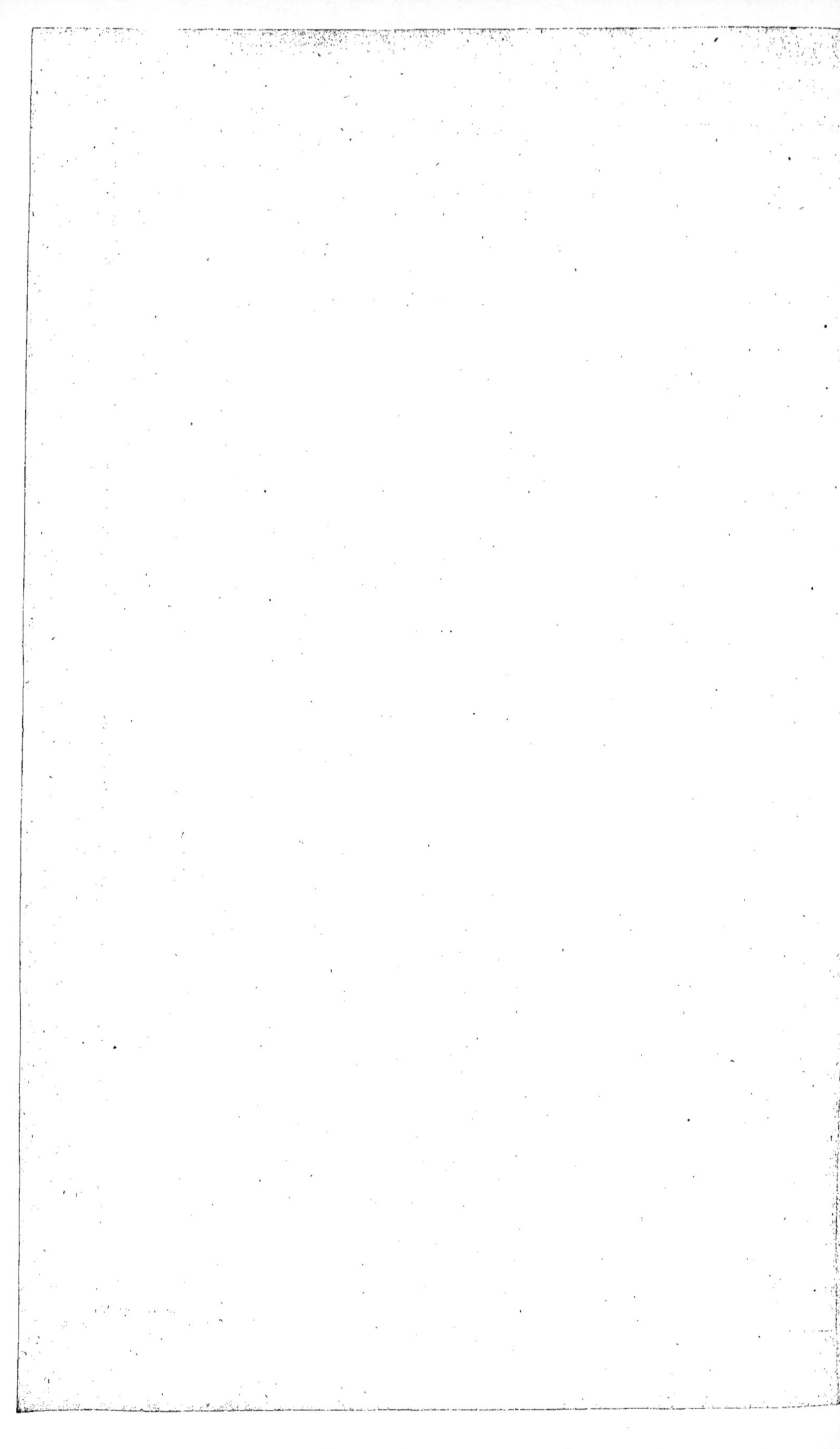

PARADIGME. (COUP

§. 13. PARADIGME

Indicatif. (Temps principaux.)

Prés. τύπτ– { ω – εις – ει. S.
Fut. 2. τυπέ – { ομεν – ετον – ετον. D.
Fut. 1. τύψ – { ομεν – ετε – ουσι. P.

Déviation.

Parf. τέτυπ – { α – ας – ε. S.
αμεν – ατον – ατον. D.
αμεν – ατε – ασι. P.

Indicatif. (Temps secondaires.)

Imparf. ἔτυπτ – { ον – ες – ε. S.
Aor. 2 ἔτυπ – { ομεν – ετον – έτην. D.
ομεν – ετε – ον. P.

Déviations

Aor. 1. ἔτυψ – { α – ας – ε. S.
αμεν – ατον – άτην. D.
αμεν – ατε – αν. P.

Plus-q. p. 2 ἐτετύπ – { ειν – εις – ει. S.
ειμεν – ειτον – είτην. D
ειμεν – ειτε – εισαν. P.

Conjonctif. (Terminaisons, comme celles des temps principaux.)

Prés. τύπτ – } ω – ῃς – ῃ.
Aor. 2. τύπ – } ωμεν – ητον – ητον.
Aor. 1. τύψ – } ωμεν – ητε – ωσι.
Parf. τετύπ –

Op… Prés. Fut. Aor. Fut. Par… Aor.

§. 14. PARADIGME

1. Indicatif. a. Temps principaux.

Prés. τύπτ –
Fut. 2. τυπήσ –
Fut. 1. τυφθήσ –
F. 2. M. τυπέ –
F. 1. M. τύψ –
F. 3. τετύψ –
} ομαι – ῃ – εται. S.
ομεθον – εσθον – εσθον. D.
ομεθα – εσθε – ονται. P.

Formes du Parfait τέτυ – Sans Voy. modale. } μ. μαι. – ψαι – π. ται.
μ. μεθον – φ. θον – φ. θον.
μ. μεθα – φ. τε – *

b. Temps secondaires.

Imparf. ἐτυπτ – { όμην – ου – ετο.
Aor. 2 M. ἐτυπ – { όμεθον – εσθον – έσθην.
όμεθα – εσθε – οντο.

Aor. 1. M. ἐτυψ – άμην – ω – ατο.
– άμεθον – ασθον – άσθην.
– άμεθα – ασθε – αντο.

Formes du Plus-q. p. ἐτετυ – Sans Voy. modale. } μ. μην – ψο – π. το.
μ. μεθον – φ. θον – φ. θην.
μ. μεθα – φ. θε – *

2. Conjonctif. Termi. des temps prin.

Présent. τύπτ – } ωμαι – ῃ – ηται.
Aor. 2. M. τύπ – } ωμεθον – ησθον – ησθον.
Aor. 1. M. τύψ – } ωμεθα – ησθε – ωνται.

Les formes sans Voyelle modale n'existent pa…

3. Optat.

Prés. Fut. 2. Fut. 1. F. 2. M. A. 2. M. F. 1. M. Fut. 3.

CONJUGAISON DE

§. 15. Données générales.

A. Quand un temps a été formé complètement, on y considère comme radical tout ce qui est avant la Voyelle caractéristique du mode. Ainsi, dans … ment) qui doivent être regardés comme radicaux. 2.) Au radical s'ajoute immédiatement, pour chaque personne de chaque mode, une Voyelle qu… modale, vient la terminaison ou désinence. Ainsi, dans chaque forme qui se présente, on doit distinguer bien exactement ces trois parties : le *radical*… indicatif des voix active et passive, et partant de toute la conjugaison, la Voyelle modale est ο dans les trois premières personnes (sing. duel et plur.) et dans … dont le présent indicatif va, de suite, fournir un exemple. Sing. 1. τυπτ-ο. 2. τυπτ-ε. 3. τύπτ-ε. Duel. τυπτ-ο 2. τυπτ-ε. 3. τυπτ-ε. Plur. 1. τυπτ-ο. 2. τυπτ-ε…

§. 16. Conjugaison *des temps principaux de l'Indicatif.* (A. INDIC…

Les désinences qui, dans les temps principaux de l'indicatif, s'ajoutent à la Voyelle modale, sont :

	Désinences seules.		*Voy. mod. et désinences.*		*Voyelles modales et désin. réunies.*		*Conjugaisons des*	
S.	1. -ο, 2. -ις, 3. -ι.	}	1. ο-ο, 2. ε-ις, 3. ε-ι.	}	1. -ω, 2. -εις, 3. -ει.	}	Prés. τύπτ–	} ω – εις – ει. S.
D.	1. -μεν, 2. -τον, 3. -τον.	}	1. ο-μεν, 2. ε-τον, 3. ε-τον.	}	1. -ομεν, 2. -ετον, 3. -ετον.	}	F. 2. τυπέ–	} ομεν – ετον – ετον. D.
P.	1. -μεν, 2. -τε, 3. -ντσι.	}	1. ο-μεν, 2. ε-τε, 3. ο-ντσι.*	}	1. -ομεν, 2. -ετε, 3. -ουσι.	}	F. 1. τύψ.–	} ομεν – ετε – ουσι. P

* Avant le σ, ντ sont rejetés, et ο se change en ου, à cause de cette suppression. (§. V. 4.)

Remarque. Le Parf. prend α pour Voyelle modale, et ce temps est irré. au sing. Parf. τέτυπ– { α, – ας, – ε. S.
αμεν, – ατον, – ατον. D.
αμεν, – ατε, – ασι. ** P.

** α devient long, également à cause de la suppression de ντ.

Règle principale : La plus grande différence qui se trouve toujours entre les temps principaux et les temps secondaires, consiste donc en ce que les … au contraire toujours longue (ici c'est την); et de plus en ce que les troisièmes personnes du pluriel se terminent chez les uns par ντσι, et chez les autres par …

§. 18. Conjugaison *du Conjonctif.* —

Au lieu des Voyelles brèves ο, ε, le conjonctif met après le radical temporel, comme caractéristique du mode, les Voyelles longues ω, η, auxquelles il ajoute les désinences des temps principaux.

	Voyelles modales et désinences.		*Voy. modales et désin. réunies.*	*Conjugaison des*	
S.	1. ω – ο, 2. η – ις, 3. η – ι.	}	1. – ω, 2. – ῃς, 3. – ῃ.	Prés. τύπτ–	ω, – ῃς, – ῃ.
D.	1. ω – μεν, 2. η – τον, 3. η – τον.	}	1. – ωμεν, 2. – ητον, 3. – ητον.	Aor. 2. τύπ–	ωμεν, – ητον, – ητον.
P.	1. ω – μεν, 2. η – τε, 3. ω – ντσι	}	1. – ωμεν, 2. – ητε, 3. – ωσι.	Aor. 1. τύψ–	ωμέν, – ητε, – ωσι.
				Parf. 2. τετύπ–	
				Parf. 1. τετύφ–	

Temps qui n'existent point. Les temps accessoires du Présent et du Parfait, c'est-à-dire, l'Imparfait et le Plus-que-parfait manquent dans le mode conjonctif, qui n'a pas non plus de Futurs. Il en est de même pour le mode impératif. —

§. 20. Conjugaison *de l'Impératif.*

On sait que l'Impératif ne peut avoir que deux personnes pour chaque nombre, et par conséquent, six en tout, pour les trois nombres de la langue grecque. Ce mode prend ε, pour Voyelle modale, dans tous ses temps, et il y ajoute pour terminaisons, au singul. 2ᵉ personne θι, 3ᵉ τω; au duel 2. τον, 3. των; au plur. 2. τε, 3. τωσαν (irrégulièrement οντων, joint immédiatement au radical temporel). La terminaison θι de la seconde personne du singulier se supprime ordinairement, et il ne reste que τύπτε au lieu de τύπτεθι.

Conjugaisons des

Prés. τύπτ– } ε έ. τω,
Aor. 2. τύπ – } ε. τον – έ. των,
Parf. 2. τέτυπ – } ε. τε – ε. τωσαν,
Parf 1. τέτυφ – } ou bien: όντων.

Remarque. Le premier aoriste conserve encore à l'impératif, comme dans tous les modes, excepté le conjonctif, sa Voyelle modale α; mais la seconde personne du singulier n'a pas cette Voyelle modale, et prend ον pour terminaison : τύψ – ον – άτω. τύψ-ατον – άτων. τύψ – ατε – άτωσαν – άντων. —

LA VOIX ACTIVE.

IF. (Terminaisons, comme les des temps secondaires.)	IMPÉRATIF.	INFINITIF.	PARTICIPE.
τύπτ- / τύπε- / τύπ- / τύψ- / τετύπ- } οιμι - οις - οι. S. / οιμεν - οιτον - οίτην. D. / οιμεν - οιτε - οιεν. P.	Prés. τύπτ- / A. 2 τύπ- / Pf. 2 τέτυπ- / Pf. 1. τέτυφ- } ε - ετω. S. / ετον - ετων. D. / ετε - έτωσαν, P. / *ou bien*: όντων.	Prés. τύπτ - ειν. / Fut. 2. τυπέ - ειν. / Aor. 2. τυπ - εῖν. / Fut. 1. τύψ - ειν	Présent. τύπτ - ων - ουσα - ον. / Fut. 2. τυπέ - ων - ουσα - ον. / Aor. 2. τυπ - ών - οῦσα - όν. / Fut. 1. τύψ - ων - ουσα - ον.
Déviation.	Déviation.	Déviations.	Déviations.
τύψ - { αιμι - αις - αι. S. / αιμεν - αιτον - αίτην. D. / αιμεν - αιτε - αιεν. P.	A. 1. τύψ - { ον - άτω. S. / ατον - άτων. D. / ατε - άτωσαν. P. / *ou bien*: άντων.	Aor. 1. τύψ - αι. / Parf. 2. τετυπ- / Parf. 1. τετυφ- } έναι.	Aor. 1. τύψ - ας - ασα - αν. / Parf. 2. τετυπ- / Parf. 1. τετυφ- } ώς - υῖα - ός.

LA VOIX PASSIVE.

Termin. des temps second.	4. IMPÉRATIF.	5. INFINITIF.	6. PARTICIPE.
- / σ - / θης- / - / - / - / ψ - } οίμην -οιο -οιτο. / οίμεθον -οισθον -οίσθην. / οίμεθα -οισθε -οιντο. / Aor. 1. M. τυψ - αίμην - αιο - αιτο, etc.	Présent. τύπτ- / Aor. 2. M. τυπ- / οῦ- } ου - έσθω. / εσθον - έσθων. / εσθε - έσθωσαν.	Prés. τύπτ - / Fut. 2. τυπήσ - / Fut. 1. τυφθήσ - / F. 2. M. τυπέ - / A. 2. M. τυπ - / F. 1. M. τύψ - / Fut. 3. τετύψ - } εσθαι. / έσθαι.	Prés. τυπτ - / Fut. 2. τυπησ - / Fut. 1. τυφθησ - / F. 2. M. τυπε - / A. 2. M. τυπ - / F. 1. M. τυψ - / Fut. 3. τετυψ - } όμενος. masc. / ομένη. fém / όμενον. neut.
conjonctif, ni à l'optatif.	Aor. 1. M. τύψ - αι. 3 - άσθω.	Parf. τετύ - φ.θαι.	Aor. 1. M. τυψάμενος, μένη, μενον.
	Parfait. τετυ - { ψο - φ.θω. / φ.θον - φ.θων. / φ.θε. - φ.θωσαν.	Aor. 1. M. τύψ - ασθαι.	Parf. τετυ.μ.μένος- μένη - μένον.

LA VOIX ACTIVE.

Distinction des trois parties dans chaque personne du verbe.

le radical est τύψ, qui reste invariable dans toutes les personnes de ce temps. Dans l'aoriste 2. ἔτυπον, c'est τυπ, et à l'indicatif, ἐτυπ (à cause de l'aug-
s appelons modale ou caractéristique du mode, parce que c'est à donner l'indication du mode qu'elle sert principalement. 3.) Enfin, après la Voyelle
ui fait distinguer le temps; la *Voyelle modale*, qui sert à connaître le mode, et la *désinence*, qui a pour usage d'indiquer la personne. B. Pour le mode
troisième du pluriel. Toutes les autres personnes du même mode ont ε pour Voyelle modale. Un très-petit nombre de temps font exception à cette règle,
υπτ-ο. —

CATIF.)

§. 17. CONJUGAISON *des temps secondaires de l'Indicatif.* —

Les désinences qui, dans les temps secondaires de l'Indicatif, s'ajoutent à la Voyelle modale, sont:

Désinences seules.	*Voy. mod. et désin. réunies.*	*Conjugaisons des*		
S.- 1.-ν, 2.-ς, 3.-	1. -ον, 2. -ες, 3. -ε.	Imparf. ἔτυπτ - / Aor. 2. ἔτυπ -	ον, - ες, - ε, S.	1re REMARQUE. *L'Aor. 1er prend α pour Voy. mod., et se conduit au sing. com. le Parf.*
D.- 1.-μεν, 2.-τον, 3.-την.	1. -ομεν, 2. -ετον, 3. -έτην.		ομεν, - ετον, - έτην, D.	
P.- 1.-μεν, 2.-τε, 3.-ν.	1. -ομεν, 2. -ετε, 3. -ον.		ομεν, - ετε, - ον, P.	

Conjugaison du 1er Aor.

ἔτυψ - { α - ας - ε. / αμεν - ατον - άτην. / αμεν - ατε - αν.

Conjugaison du Plus-que-parf.

ἐτετύπ- { ειν - εις - ει. / ειμεν - ειτον - είτην. / ειμεν - ειτε - εισαν. / ou bien : εσαν.

2me REMARQUE. *Le Plus-que-parfait prend ει pour caractère du mode indicat., et il termine sa troisième personne du pluriel en* εισαν, *ou en* εσαν.

iers ont toujours et sans exception, la terminaison de la troisième personne du duel brève (ici c'est τον), tandis que, dans les temps secondaires, elle est
n ν. —

§. 19. CONJUGAISON *de l'Optatif.*

L'Optatif prend pour caractéristique modale la Diphthongue οι, et à l'Aoriste 1er la Diphthongue αι. La terminaison de la 1re personne du singulier est μι; celle de la 3e du plur. est εν. Pour toutes les autres personnes, les terminaisons sont celles des temps secondaires.

Voyelles modales et désinences réunies.

S. 1. - οιμι, 2. - οις, 3. - οι.
D. 1. - οιμεν, 2. - οιτον, 3. - οίτην.
P. 1. - οιμεν, 2. - οιτε, 3. - οιεν.
Ao. 1er 1. - αιμι, 2. - αις, 3. - αι.

Conjugaison des

Prés. τύπτ - / Fut. 2. τυπέ - / Aor. 2. τύπ - / Fut. 1. τύψ - / Aor. 1. τύψ*- αι / Parf. 2. τετύπ - / Parf. 1. τετύφ - } οιμι - οις - οι. / οιμεν - οιτον - οίτην. / οιμεν - οιτε - οιεν.

§. 21. DE L'INFINITIF *et des Participes.*

1.) Les Infinitifs ont pour terminaison ειν, où se trouve comprise la Voyelle modale ε: Prés. τύπτ-ειν; Fut. 2. τυπέ-ειν; Aor. 2. τυπ-εῖν. Mais le premier Aoriste se termine en αι (τύψαι), et le Parfait en έναι (τετυπέναι).

2.) Les Participes comprennent aussi leurs Voyelles modales dans leurs terminaisons. Ces désinences sont: — ων pour le masculin, — ουσα pour le féminin, — ον pour le neutre. Il faut excepter 1°) l'Aor. 1er, qui fait — ας - ασα - αν, et 2°) le Parfait, terminé en — ώς - υῖα - ός. On a donc:

Prés. τύπτ - / Fut. 2. τυπέ - / Aor. 2. τυπ - / Fut. 1. τύψ - } ων - ουσα - ον. == Aor. 1. τύψ-ας - ασα - αν. == Parf. τετυπ - ώς - υῖα - ός.

Le second Aoriste a l'accent de son Participe sur la dernière, comme celui de son Infinitif : τυπών - οῦσα - όν. (Infinitif. τυπεῖν.)

DE LA VO

A. DÉRIVATION DES T

A. DÉRIVAT

Données générales. Si les paragraphes sur les lettres et les syllabes ont été bien retenus, on ne doit pas éprouver de amas de désinences produites d'une manière arbitraire et confuse; elle est, au contraire, tant pour l'accord et la régulari système de langage puisse présenter à notre admiration.

Le Présent, l'Imparfait, le Parfait et le Plus-que-parf. n'ont qu'une seule forme pour chacun d'eux; il existe, au contra nombre des temps de la Voix passive. Les Futurs et Aoristes ayant besoin d'être traités à part, on va, dans le paragraphe

§. 22. FORMAISONS *du Présent, de l'Imparfait, du Parfait et du Plus-que-Parfait.*

Les temps principaux du passif se terminent en μαι *et les temps secondaires en* μην. *Ces désinences sont précédées par la Voyelle modale* ο; *mai au Parfait et au Plus-que-parfait, elles suivent immédiatement le radical temporel.* —

1.) *Verbes en* ω *pur.*		2.) *Verbes avec une Consonne muette.*	3.) *Verbes avec une Consonne liquide.*	
	RADICAL οἰκε.	RADICAL λεγ.	RADICAL στελλ. (forme brève) σταλ.	
Présent.	οἰκέ - ο - μαι.	λέγ - ο - μαι.	στέλλ - ο - μαι.	
Imparf.	ᾤκε - ο - μην.	ἐλεγ - ό - μην.	ἐστελλ - ό - μην.	
Parfait.	ᾤκη - μαι. } §. 8. et 10.	λέλεγ - μαι.	ἔσταλ - μαι.	} §. 12.
Plus-q.-p.	ᾠκή - μην. }	ἐλελέγ - μην. *	ἐστάλ - μην.	}

* REMARQUE. *a.* Nous avons déjà exposé (§. 4) quels changemens subissent les autres muettes, c'est-à-dire, π, κ, τ et leurs congénères, à raison de leur contact avec la Consonne μ de la terminaison —μαι du Parf. passif. Aux exemples fournis dans ce 4e paragraphe, nous en ajoutons ici quelque autres : τύπτω (radical τυπ.), Parf. pass. τέτυπ-μαι, τέτυμμαι; εὔχ-ομαι, Parf. ηὖγμαι; φείδ-ω, Parf. pass. πέφεισμαι; στενάζω (venant de στεναχ), Parf. pass ἐστέναγμαι; mais φράζω (venant de φραδ) fera πέφρασμαι; ταράσσ-ω (de ταραχ) fera τετάραγμαι.

b. Si le radical a un ε, cette Voyelle se change souvent en α : στρέφω, Parfait passif ἔστραμμαι.

c. Beaucoup de verbes en ω pur, prennent un σ devant la terminaison —μαι, comme pour donner à la forme quelque chose de plus prononc ἀκούω, Parf. pass. ἤκουσμαι; χρίω, κέχρισμαι; τελέω, τετέλεσμαι.

d. N. Consonne finale d'un radical où se trouvent ει, ι ou bien υ, est rejeté, au passif, des formes à quantité longue : κρίν-ω, Parf. pass. κέκριμαι Nous en avons indiqué la raison, §. 12. Remarque 2.

e. La Diphthongue ευ, faisant partie d'un radical, se change d'ordinaire en une brève : τεύχω, parf. pass. τέτυγμαι; φεύγ-ω, πέφυγμαι. —

§. 24. CONJUGAISON *des temps de l'Indicatif.* B. I

Données générales. Il faut séparer entièrement de cette conjugaison l'Aor. 2 en ην, et l'Aor. 1 en θην, parce qu'ils appartiennent à une conjugaison différente, celle des verbes en μι, pour laquelle ils servent comme de transition. La Voyelle modale est partout la même, comme à l'actif; mais elle manque au Parfait, dans tous les modes, et les désinences s'y joignent immédiatement au radical. Ces désinences sont :

A. *Pour les temps principaux.*

Désinences seules.	*Voyelles mod. et désinences.*
S. 1. - μαι, 2. - σαι, 3. - ται.	- ομαι, - εσαι,* - εται.
D. 1. - μεθον, 2. - σθον, 3. - σθον.	- ομεθον, - εσθον, - εσθον.
P. 1. - μεθα, 2. - σθε, 3. - νται.	- ομεθα, - εσθε, - ονται.

* REMARQUE. A chaque seconde personne du singulier, qui a la Voyelle modale (le Parf. et le Plus-que-parf. sont par conséquent exceptés), la désinence (ici c'est εσαι) doit, quels que soient le mode et le temps, perdre son Σ, et les voy. restantes subissent une contraction : - εσαι - εαι, - ηι - ῃ. (§. 2. Remarq. 3.)

Ainsi se conjuguent, 1.) le Prés. τύπτ-ομαι, 2. τύπτῃ (de τύπτ-εσαι), 3. τύπτ-εται, et de même pour le reste; 2.) le Futur bref, τυπήσ-ομαι; 3.) le Fut long, τυφθήσ-ομαι; 4.) le Fut. bref M. τυπέ-ομαι; 5.) le Futur long M. τύψ-ομαι; 6.) le Futur antérieur τετύψ-ομαι. Reste la conjugaison du Parfait. —

CONJUGAISON DU PARFAIT.

1. *Verbes en* ω *pur.*

Comme, ici, les terminaisons viennent s'adapter à une Voyelle, et qu'il ne peut y avoir accumulation de Consonnes, la conjugaison marche sans embarras. φιλέω a donc pour Parfait passif,

S. πεφίλη-μαι; 2. πεφίλησαι, 3. πεφίλη-ται.
D. πεφιλή-μεθον, 2. πεφίλη-σθον, 3. πεφίλη-σθον.
P. πεφιλή-μεθα, 2. πεφίλη-σθε. 3. πεφίλη-νται.

2.) *Verbes à Consonne muette.*

Dans ces verbes, les désinences prenant place immédiatement après le radical, la rencontre de leur Consonnes avec la muette de celui-ci, forme une sorte de collision, à laquelle il faut remédier suivant les règles que nous avons établies. (Voy. surtout §. 3, 4, 5.) On conjuguera donc de la manière indiquée ci-dessous les Parfaits passifs de

τύπτω (radical τυπ)

S. 1. τετυπ-μαι, μ-μαι, 2. τετυπ-σαι, ψ-σαι, 3. τετυπ-ται. π-ται.
D. 1. τετυπ-μεθον, μ-μεθον, 2. τετυπ-σθον, φ-θον, 3. τετυπ-σθον. φ-θον.
P. 1. τετυπ-μεθα, μ-μεθα, 2. τετυπ-σθε, φ-θε, 3. (τετυπ-νθαι.) *

et λέγω (radical λεγ).

1. λελεγ-μαι, 2. λελεγ-σαι, -ξαι, 3. λελεγ-ται. κ-ται.
1. λελεγ-μεθον, 2. λελεγ-σθον, γ-θον, χ-θον, 3. λελεγ-σθον. γ-θον. χ-θον.
1. λελεγ-μεθα, 2. λελεγ-σθε. γ-θε. χ-θε. *

Conjuguez de même (πεπειθ-μαι) πέπεισμαι, 2. (πεπειθ-σαι) πέπεισαι, 3. (πεπειθ-ται) πέπεισται. Pour le verbe φράζω (radic. φραδ), dites : 1. (πεφραδ-μαι) πέφρασμαι, 2. (πεφραδ-σαι) πέφρασαι, 3. (πεφραδ-ται) πέφραται. En écartant les Consonnes accumulées dans ce que nous avons présenté comme des troisième personnes du pluriel, on reviendrait à produire la troisième personne du singulier (τέτυπται et λέλεκται); la troisième personne du pluriel ne saurai donc être formée de cette manière. Les verbes à Consonne liquide ne présentent pas plus de difficulté. En prenant pour exemple στέλλω (radical bre σταλ), nous aurons : Parf. pass. ἔσταλμαι, 2. ἔσταλσαι, 3. ἔσταλται; duel ἐστάλμεθον, 2. (ἔσταλσ-θον) ἔσταλθον, etc. Il faut seulement remarquer qu'ici la seconde personne du singulier conserve un ν devant le σ (φαιν-φαν == πε-φαν-μαι); 1. πέφαμ-μαι, 2. πέφαν-σαι, 3. πέφαν-ται.

B. Les terminaisons des temps historiques de l'Indicatif sont :

Désinences seules.	*Voyelles modales et désinences.*
S. 1. - μην, 2. - σο, 3. - το.	- ομην, - εσο, - ετο.
D. 1. - μεθον, 2. - σθον, 3. - σθην.	- ομεθον, - εσθον, - εσθην.
P. 1. - μεθα, 2. - σθε, 3. - ντο.	- ομεθα, - εσθε, - οντο.

REMARQUE. *a.* L'Aoriste 1er M. prend α pour Voyelle modale. — αμη -ασο, -ατο. A la seconde personne du singulier, on doit supprimer le σ de désinence, puis ensuite faire la contraction de -εο en -ου, et de -αο en

C'est ainsi qu'il faut conjuguer, 1.) l'Imparfait ἐτυπτ-όμην, 2. (ἐτυπτ-εσο-εο) ἐτύπτ-ου, 3. ἐτύπτ-ετο; 2.) l'Aor. 2. M. ἐτυπ-όμην; 3.) l'Aor. 1. M. ἐτυψ-άμη 2. (ἐτυψ-ασο-αο) ἐτύψ-ω, 3. ἐτύψ-ατο. — Le Plus-que-parfait subit les mêmes changemens que le Parfait, parce que les mêmes raisons les y rendent né cessaires. Les verbes en ω purs ne donnent aucun embarras à cet égard; on conjugue ἐπεφιλη-μην, 2. ἐπεφίλησο, 3. ἐπεφίλητο, et ainsi de suite pour les d autres nombres. Mais s'il s'agit d'un verbe à Consonne muette, la chose devient moins facile, et il faut dire comme au Parfait : (ἐτετυπ-μην) ἐτετύμμη 2. (ἐτέτυπ-σο) ἐτέτυψο, 3. ἐτέτυπτο, etc., etc.

REMARQUE. *б.* Il y a donc aussi dans la voix passive, une différence essentielle entre les temps, laquelle existe dans les troisièmes personnes. Troisième personne du duel dans les temps principaux, — σθον; dans les temps secondaires ou historiques, — σθην; troisième personne du pluriel dans les temps principaux, — νται; dans les temps secondaires, — ντο. Il faut faire bien attention à cette dissemblance. —

REMARQUE. Pour les personnes du Parfait et du Plus-que-parf. qui ne peuvent pas être formées, on a recours, comme en latin, à une sorte de pér personne du plur. τετυμμένοι ἦσαν; 3.) Conjonctif, τετυμμένος, ὦ, ᾖς, ᾖ; 4.) Optatif, τετυμμένος εἴην, εἴης, εἴη, etc.

MPS. - B. CONJUGAISON.

DES TEMPS.

lté pour former tout le tableau de la voix passive du verbe grec. On aurait tort de regarder cette voix passive comme un es parties, que pour l'euphonie et le nombre de ses formes, le chef-d'œuvre le plus étonnant, le plus inimitable qu'aucun

ne double forme pour chacun des deux futurs, comme aussi pour chacun des deux Aoristes, ce qui porte à douze en tout le t, commencer par exposer ce qui a rapport aux quatre premiers temps. —

§. 23. Formaisons *des Futurs et des Aoristes.*

Nous avons à traiter ici de quatre Futurs et de quatre Aoristes. Deux de ces Futurs et deux de ces Aoristes sont appelés *moyens*, parce qu'ils ont un sens moyen entre l'actif et le passif. Nous faisons de ces huit temps, deux groupes: le premier, composé des Futurs et Aoristes passifs; le second, des Futurs et Aoristes moyens.

Pour former le Futur et l'Aoriste seconds de chacun de ces groupes, il faut, comme à l'actif, prendre le radical bref. Dans les verbes à Consonne liquide (verbes en λω, μω, νω, ρω), tous les Futurs et Aoristes, passifs ou moyens, se forment avec le radical à quantité brève.

1.) *Futurs et Aoristes passifs.* — a. *Verbes en ω pur.* — b. *Verbes à Consonne muette.* — c. *Verbes à Consonne liquide.* (toujours le radic. bref.)

			a.		b.		c.	
					(τῠπ)	(φῐδ.)	(φᾰν)	(κρῐν.)
Fut. 2. P.	ajoutent au radic. bref.	ησομαι.	.... manquent dans les verbes purs.		τυπ - ήσομαι.	φιδ - ήσομαι.	φαν - ήσομαι.	κριν - ήσομαι.
Aor. 2. P.		ην.	....		ἐτύπ - ην.	ἐφίδ - ην.	ἐφάν - ην.	ἐκρίν - ην.
			(οἰκε.)	(χρυσο.)	(τυπτ)	(φειδ)		
Fut. 1. P.	ajoutent au radic. long.	θησομαι.	οἰκη - θήσομαι.	χρυσω-θήσομαι.	τυφ - θήσομαι.	φεισ - θήσομαι.	φαν - θήσομαι.	κρι - θήσομαι.
Aor. 1. P.		θην.	ᾠκή - θην.	ἐχρυσώ-θην.	ἐτύφ - θην.	ἐφείσ - θην.	ἐφάν - θην.	ἐκρί - θην. —

2.) *Futurs et Aoristes Moyens.* — a. *Verbes en ω pur.* — b. *Verbes à Consonne muette.* — c. *Verbes à Consonne liquide.* (toujours le radical bref.)

			a.		b.		c.	
					(τῠπ.)	(τῠχ.)	(τε̆ν de τείνω)	(στᾰλ de στέλλω.)
Fut. 2. M.	ajoutent au radic. bref.	έομαι.	.... manquent dans les verbes purs.		τυπέομαι.	τυχέομαι.	τενέομαι.	σταλέομαι.
Aor. 2. M.		όμην.	....		ἐτυπόμην.	ἐτυχόμην.	ἐτενόμην.	ἐσταλόμην.
			(φιλε.)	(τιμα.)	(τυπτ.)	(τευχ.)	Ici le Futur manque comme à l'act., et l'Aor. se forme à la manière de celui de la voix act.: στέλλω, ἔστειλα, ἐστειλάμην.	
Fut. 1. M.	ajoutent au radic. long.	σομαι.	φιλήσομαι.	τιμήσομαι.	τύψομαι.	τεύξομαι.		
Aor. 1. M.		σαμην.	ἐφιλησάμην.	ἐτιμησάμην.	ἐτυψάμην.	ἐτευξάμην.		

Remarque. Le Futur antérieur passif, espèce de Futur qui établit dans l'avenir une époque de prétérition, et qui tient par conséquent du Futur et du passé, reçoit dans sa forme, d'abord une partie de celle du Parfait, puis ensuite une partie de celle du Futur 1er (σομαι.): λείπω, Fut. ant. pass. λελείψομαι; τύπτω, τετύψομαι; ἀπατάω, ἠπατήσομαι. —

UGAISON.

§. 25. Conjugaison *des temps du Conjonctif.*

Les Voyelles modales sont, comme à l'actif, ω et η, et les terminaisons, celles des temps principaux.

Voyelles modales et terminaisons.

S.	1. - ωμαι,	2. - ησαι,	3. - ηται.
D.	1. - ωμεθον,	2. - ησθον,	3. - ησθον.
P.	1. - ωμεθα,	2. - ησθε,	3. - ωνται.

Remarque. A la seconde personne du singulier, on retranche le σ et l'on contracte les Voyelles : ησαι, - ηαι, - ῃι, - ῃ. Au reste les temps ci-après sont les seuls qui suivent cette conjugaison : 1.) le Présent τύπτ-ωμαι, 2. τύπτ-ῃ, 3. τύπτ-ηται; 2.) l'Aoriste bref M. τύπ-ωμαι; 3.) l'Aoriste long M. τύψ-ωμαι. Car, d'abord, *a.*) les autres Aoristes ont déjà été l'objet d'une exception, et l'Imparfait et le Plus-que-parf. n'ayant aucun temps hors de l'Indicatif, manquent par conséquent au mode conjonctif. *b.*) Ensuite, les Futurs n'ont, comme dans la voix active, ni Impératif, ni Conjonctif. *c.*) Le Parfait ne saurait avoir ce dernier mode, puisque les formes du Conjonctif se distinguent par l'augmentation de quantité de la Voyelle modale, laquelle n'existe point dans la forme du Parfait. On rencontre quelques exemples peu nombreux de Parfaits-conjonctifs, appartenant à des verbes en ω purs; tels sont, par exemple, φιλῆσθον, πεφιλῶνται. Ils existent avec Voyelle modale et contraction.

§. 26. Conjugaison *de l'Optatif.*

L'Optatif passif adapte aussi au radical de chacun de ses temps la Diphthongue modale οι, et y ajoute les désinences des temps secondaires.

Diphthongues modales et désinences seules.

S.	1. - οιμην,	2. - οισο,	3. - οιτο.
D.	1. - οιμεθον,	2. - οισθον,	3. - οίσθην.
P.	1. - οιμεθα,	2. - οισθε,	3. - οιντο.

Remarque. *a.* L'Aoriste 1er M. réclame encore ici la Voyelle α qu'il affectionne, et prend par conséquent la Diphthongue modale αι: τυψ-αίμην. La seconde personne du singulier ne souffre d'autre altération que la suppression du σ. 1.) Présent τυπτ-οίμην, 2. τύπτ-οιο, 3. τύπτ-οιτο, etc.. 2.) Futur second τυπησοίμην. 3.) Futur 1er τυφθησοίμην. 4.) Futur 2. M. τυπεοίμην. 5.) Aor. 2. M. τυποίμην. 6. Fut. 1er M. τυψοίμην. 7.) Aor. 1er M. τυψαίμην - αιο - αιτο, etc. 8.) Futur antérieur τετυψ-οίμην.

Remarque. *b.* L'Optatif ne peut pas non plus avoir de Parfait, parce que le caractère modal manque à ce temps, et parce que les terminaisons de l'Optatif servent dans l'Indicatif à caractériser le Plus-que-parfait. Cependant quelques verbes en ω pur, du dialecte attique, forment un Parfait de l'Optatif en introduisant un ι entre le radical et la terminaison : (πεφιλη-ι-μην) πεφιλῄμην; 2. (πεφιλη-ι-σο) πεφιλῇο; 3. (πεφιλη-ι-το) πεφιλῇτο. Quand l'iôta ne peut pas être souscrit, on le supprime entièrement : (λελυίμην, λελυμην) λελύμην; il serait toutefois plus convenable d'écrire λελυίμην, λελυῖο, etc.

§. 27. De l'Impératif.

La Voyelle modale de l'Impératif-passif est ε comme pour la voix active; ses désinences sont :

	Désinences seules.		*Voy. mod. et désinences.*	
S.	2. - σο,	3. - σθω.	- εσο,	- εσθω.
D.	2. - σθον,	3. - σθων,	- εσθον,	- εσθων.
P.	2. - σθε,	3. - σθωσαν.	- εσθε,	- εσθωσαν.

Remarque. Après avoir rejeté le σ de la seconde personne du singulier, on contracte εο en ου. 1.) Prés. (τυπτ-εσο) τύπτ-ου, 3. τυπτέσθω, etc. 2.) L'Aoriste 2. M. rejette, à la seconde personne, l'accent sur la dernière syllabe : (τυπ-εσο) τυποῦ (cette règle n'a pas lieu pour les verbes composés). 3. Le 1er Aoriste M. a pour désinence de la seconde personne du singulier, la Diphthongue αι; pour toutes les autres personnes, il prend les désinences des autres temps, et conserve toujours son α : τύψαι, 3. τυψάσθω. 4.) Au Parfait, le manque de Voyelle modale produirait dans les verbes à Consonne muette, une accumulation de Consonnes; il faut y remédier comme nous avons montré à le faire pour l'Indicatif : (τετυπ-σο) τέτυψο; 3. (τετυπ-σθω - τετυπ-θω) τετύφθω, etc.

§. 28. Les Infinitifs *se terminent en* - σθαι; *leur Voyelle modale est* ε, *ce qui donne par conséquent* - εσθαι. *Les participes ont leur désinence en* μενος; *pour Voyelle modale*, ο; *ils font donc* ομενος. *L'Aoriste* 1. *M. retient encore l'*α *qui lui est propre* : - ασθαι - αμενος. *La Voyelle modale manque au Parfait.*

1. Présent. τύπτ- { εσθαι. / όμενος.	2. Futur bref. τυπήσ- { εσθαι. / όμενος.	3. Futur long τυφθήσ- { εσθαι. / όμενος.	4. Futur bref M. τυπέ- { εσθαι. / όμενος.
5. Aor. bref M. τυπ- { έσθαι. / όμενος.	6. Fut. long M. τύψ- { εσθαι. / όμενος.	7. Aor. long M. τύψ- { ασθαι. / άμενος.	8. Futur antér. τετύψ- { εσθαι. / όμενος.

Parfait infinit. (τετυπ-σθαι) τέτυφ-θαι. Participe (τετυπ-μενος) τετυμ-μένος. De même pour λέγω (λελεγ-σθαι), écrivez : λέλεχ-θαι; λελεγ-μένος. πείθω (πεπειθ-σθαι), écriv. : πέπει-σθαι; participe (πεπειθ-μένος), écriv. : πεπεισ-μένος; φράζω (πέφραδ-σθαι), πέφρασθαι (πεφραδ-μενος), πεφρασμένος. Mais on doit dire : λύω, λέλυσθαι, λελυμένος.

ase composée avec un Participe et le verbe auxiliaire *être*, εἶναι : 1.) Parf. 3e personne du pluriel, τετυμμένοι εἰσί, *verberati sunt*; 2.) Plus-que-parfait 3e

EXPOSÉ COMPARATIF DE LA CONJUGAISON O

PARADIGME ORDINAIRE. §. 29.

	INDICATIF.	CONJONCTIF.	OPTATIF.	IMPÉRATIF.	INFINITIF.	PARTICIPE
Présent. Je frappe.	τύπτ { ω -εις -ει. S. ομεν -ετον -ετον. D. ομεν -ετε -ουσι. P.	τύπτ { ω -ῃς -ῃ. ωμεν -ητον -ητον. ωμεν -ητε -ωσι.	τύπτ { οιμι -οις -οι. οιμεν -οιτον -οίτην. οιμεν -οιτε -οιεν.	τύπτ { ε -έτω. ετον -έτων. ετε -έτωσαν. ου -όντων.	τύπτ { ειν.	τύπτ { ων. ουσα. ον.
Imparfait. Je frappais.	ἔτυπτ { ον -ες -ε S. ομεν -ετον -έτην. D. ομεν -ετε -ον. P.					
Futur 2. Je frapperai.	τυπ { ῶ -εῖς -εῖ. S. οῦμεν -εῖτον -εῖτον. D. οῦμεν -εῖτε -οῦσι P.		τυπ { οῖμι -οῖς -οῖ. οῖμεν -οῖτον -οίτην. οῖμεν -οῖτε -οῖεν.		τυπ { εῖν.	τυπ { ῶν. οῦσα. οῦν.
Aoriste 2. Je frappai.	ἔτυπ { ον -ες -ε. S. ομεν -ετον -έτην. D. ομεν -ετε -ον. P.	τύπ { ω -ῃς -ῃ. ωμεν -ητον -ητον. ωμεν -ετε -ωσι.	τύπ { οιμι -οις -οι. οιμεν -οιτον -οίτην. οιμεν -οιτε -οιεν.	τύπ { ε -έτω. ετον -έτων. ετε -έτωσαν. ου -όντων.	τυπ { εῖν.	τυπ { ών. οῦσα. όν.
Futur 1. Je frapperai.	τύψ { ω -εις -ει. S. ομεν -ετον -ετον. D. ομεν -ετε -ουσι. P.		τύψ { οιμι -οις -οι. οιμεν -οιτον -οίτην. οιμεν -οιτε -οιεν.		τύψ { ειν.	τύψ { ων. ουσα. ον.
Aoriste 1. Je frappai.	ἔτυψ { α -ας -ε. S. αμεν -ατον -άτην. D. αμεν -ατε -αν. P.	τύψ { ω -ῃς -ῃ. ωμεν -ητον -ητον. ωμεν -ητε -ωσι.	τύψ { αιμι -αις -αι. αιμεν -αιτον -αίτην. αιμεν αιτε -αιεν.	τύψ { ον -άτω. ατον -άτων. ατε -άτωσαν. ου -άντων.	τύψ { αι.	τύψ { ας. ασα. αν.
Parfait. J'ai frappé.	τέτυπ { α* -ας -ε. S. αμεν -ατον -ατον. D. αμεν -ατε -ασι. P.	τετύπ { ω -ῃς -ῃ. ωμεν -ητον -ητον. ωμεν -ητε -ωσι.	τέτυπ { οιμι -οις -οι. οιμεν -οιτον -οιτήν. οιμεν -οιτε -οιεν.	τετυπ { ε -έτω. ετον -έτων. ετε -έτωσαν.	τετυπ { έναι.	τετυπ { ώς. υῖα. ός.
Plus-q.-parf. J'avais frappé.	ἐτετύπ { ειν -εις -ει. S. ειμεν -ειτον -είτην. D. ειμεν -ειτε -εισαν. P. ου -εσαν.					

* τέτυπα est la forme du Parfait appelé *moyen*, et qu'il conviendrait mieux de nommer secon *Parfait actif*. On a préféré ici cette forme à celle du 1er Parfait actif, parce qu'elle s'obtient de la m nière la plus facile, en ajoutant la Voyelle modale du temps à son radical précédé de l'augment du redoublement. Pour la formaison du 1er Parfait actif, voyez les grammaires. —

§. 30.

	INDICATIF.	CONJONCTIF.	OPTATIF.	IMPÉRATIF.	INFINITIF.
Présent. Je suis frappé.	τύπτ { ομαι -ῃ -εται. όμεθον -εσθον -εσθον. ομεθα -εσθε -ονται.	τύπτ { ωμαι -ῃ -ηται. ώμεθον -ησθον -ησθον. ώμεθα -ησθε -ωνται.	τυπτ { οίμην -οιο -οιτο. οίμεθον -οισθον -οίσθην. οίμεθα -οισθε -οιντο.	τύπτ { ού -έσθω. εσθον -έσθων. εσθε -έσθωσαν.	τύπτ { εσθαι.
Imparfait. J'étais frappé.	ἐτυπτ { όμην -ου -ετο. όμεθον -εσθον -έσθην. όμεθα -εσθε -οντο.				
Parfait. J'ai été frappé.	τέτυ { μμαι -ψαι -πται. μμεθον -φθον -φθον. μμεθα -φθε - * (τετυμμένοι εἰσί.)			τέτυ { ψο -φθω. φθον -φθων. φθε -φτωσαν.	τέτύ { φθαι.
Plus-q.-parf. J'avais été fra.	ἐτετύ-μμην-ψο-πτο. D. ἐτετύ-μμεθον-φθον-φθην. P. ἐτετύ-μμεθα-φθε- * τετυμμένοι ἦσαν.				
Futur 2ond. Je serai frap-pé.	τυπήσ { ομαι -ῃ -εται όμεθαν -εσθον -εσθον. όμεθα -εσθε -ονται.		τυπησ { οίμην -οιο -οιτο. οίμεθον -οισθον -οίσθην. οίμεθα -οισθε -οιντο.		τυπήσ { εσθαι.
Aoriste 2ond. Je fus frappé.	ἐτύπ { ην -ης -η. ημεν -ητον -ήτην. ημεν -ητε -ησαν.	τυπ { ῶ -ῇς -ῇ. ῶμεν -ῆτον -ῆτον. ῶμεν -ῆτε -ῶσι.	τυπ { είην -είης -είη. είημεν -είητον -ειήτην. είημεν -είητη -είησαν.	τύπ { ηθι -ήτω. ητον -ήτων. ητε -ήτωσαν.	τυπ { ῆναι.
Futur 1er. Je serai frap-pé.	τυφθήσ { ομαι -ῃ -εται. όμεθον -εσθον -εσθον. όμεθα -εσθε -ονται.		τυφθήσ { οίμην -οιο -οιτο. οίμεθον -οισθον -οίσθην. οίμεθα -οισθε -οιντο.		τυφθήσ { εσθαι.
Aoriste 1er. Je fus frappé.	ἐτύφθ { ην -ης -η. ημεν -ητον -ήτην. ημεν -ητε -ησαν.	τυφθ { ῶ -ῇς -ῇ. ῶμεν -ῆτον -ῆτον. ῶμεν -ῆτε -ῶσι.	τυφθ { είην -είης -είη. είημεν -είητον -ειήτην. είημεν -είητε -είησαν.	τύφθ { ηθι -ήτω. ητον -ήτων. ητε -ήτωσαν.	τυφθ { ῆναι.
Futur 2. M. Je me frap-perai.	τυπ { οῦμαι -ῇ -εῖται. ούμεθον -εῖσθον -εῖσθον. ούμεθα -εῖσθε -οῦνται.		τυπ { οίμην -οῖο -οῖτο. οίμεθον -οῖσθον -οίσθην. οίμεθα -οῖσθε -οῖντο.	τυπ { οῦ -είσθω. είσθον -είσθων. είσθε -είσθωσαν.	τυπ { εῖσθαι.
Aor. 2. M. Je me frap-pai.	ἐτυπ { όμην -ου -ετο. όμεθον -εσθον -έσθην. όμεθα -εσθε -οντο.	τύπ { ωμαι -ῃ -ηται. ώμεθον -ησθον -ησθον ώμεθα -ησθε -ωνται.	τυπ { οίμην -οιο -οιτο. οίμεθον -οισθον -οίσθην. οίμεθα -οιστε -οιντο.	τυπ { οῦ -έσθω. εσθον -έσθων. εσθε -έσθωσαν.	τυπ { έσθαι.
Futur 1. M. Je me frap-perai.	τύψ { ομαι -ῃ -εται. όμεθον -εσθον -εσθον. όμεθα -εσθε -ονται.		τυψ { οίμην -οιο -οιτο. οίμεθον -οισθον -οίσθην. οίμεθα οισθε -οιντο.		τύψ { εσθαι.
Aor. 1. M. Je me frap-pai.	ἐτυψ { άμην -ω -ατο. άμεθον -ασθον -άσθην άμεθα -ασθε -αντο.	τύψ { ωμαι -ῃ -ηται. ώμεθον -ησθον -ησθον. ώμεθα -ησθε -ωνται.	τυψ { αίμην -αιο -αιτο. αίμεθον -αισθον -αίσθην. αίμεθα -αισθε -αιντο.	τύψ { αι -άσθω. ασθον -άσθων. ασθε -άσθωσαν.	τύψ { ασθαι.

ACTIVE.

PARADIGME HOMÉRIQUE.

INDICATIF.	CONJONCTIF.	OPTATIF.	IMPÉRATIF.	INFINITIF.	PARTICIPE.
τύπτ-ω-εις-ει. invariablement.	τύπτ { 1. ω -ωμι, 2. ῃς -ησθα, 3. ῃ -ησι. 1. ωμεν -ομεν, 2. ητον -ετον, 3. ητον -ετον. 1. ωμεν -ομεν, 2. ητε -ετε, 3. ωσι.	τύπτοιμι. invariablement.	τύπτε.	τυπτ { έμεναι. έμεν. ειν.	τύπτων. invariablem.
1re *forme.* { τύπτ- ἔτυπτ- { ον-ες-ε. invari.	2me *forme.* { τυπτεσκ- ἐτύπτεσκ- { ον-ες-ε. . . . . . ον.	3me *forme.* { τύπτασκ- ἐτύπτασκ- { ον-ες-ε. . . . . . ον.	(ἔφασκες avec l'augment, Il. 19. 297.)		
τυπ { 1. έω, 2. έεις - εῖς, 3. έει - εῖ. 1. έομεν - εῦμεν, 2. έετον - εῖτον, 3. έετον - εῖτον. 1. έομεν - εῦμεν, 2. έετε - εῖτε, 3 έουσι.		τυπέοιμι et le reste du temps sans contraction.		τυπέειν. τυπεῖν.	τυπ { έων. έουσα. εον, εῦν.
τύπ ἔτυπ τετυπ { ον-ες-ε. invari.	τετύπ τύπ { 1. ω -ωμι -είω, 2. ῃς -ησθα είῃς, 3. ῃ -ησι-είῃ. 1. ωμεν-ομεν-είομεν, 2. ητον-είτον-εετον, 3. ητον-ετον-είετον. 1. ωμεν-ομεν-είομεν, 2. ητε -ετε -είετε, 3. ωσι.	τύποιμι. τετύποιμι. sans autre changement.	τυπε. τέτυπε.	τυπέειν. τυπεῖν. (τετυπέειν.) τετυπεῖν.	τυπ τετυπ { ών. οῦσα. όν.
τύψ-ω-εις-ει. invariabl.	πεπιθήσω. Il. X. 223.	τύψοιμι. invariablem.		τυψ { έμεναι εμεν. ειν.	τύψων.
τύψα 1.) ἔτυψα 2.) τυψασκ { ον-ες-ε. . . . . . -ον. invariabl.	τύψ 1. ω -ωμι 2. ῃς, etc. 1. ωμεν -ομεν etc. jusques à.. 3. ωσι.	1.) τύψαιμι 2.) τύψ { εια-ειας-ειε. . . . . . -ειαν. sans chang.	τύψον.	τύψαι.	τύψας.
τέτυπ-α-ας-ε. invariabl.	τετυπ { 1. ω - ωμι, 2. ῃς - ῃσθα, 3. ῃ - ῃσι. 1. ωμεν - ομεν, 2. ητον - ετον, 3. ητον - ετον. 1. ωμεν - ομεν, 2. ητε - ετε, 3. ωσι.	τετύποιμι.	τέτυπε	τετυπ { έμεναι. έναι.	τυπ 2 τετυπ { ώς. υῖα. ός.
τετύπ 1. εα 2. εας -εις, 3. εα -ει ou ειν. ἐτετύπ 1. ειμεν 2. ειτον 3. είτην. 1. ειμεν 2. ειτε 3. εισαν.	REMARQUE. Les anomalies, par défaut de caractère modal, ne sauraient être facilement indiquées dans un paradigme. C'est aux irrégularités de cette espèce qu'il faut rapporter 1.) εἴκτον, Od. 4. 24, au lieu de εἴκετον, présent; 2.) εἴκτην, Il. 1. 104, au lieu de εἰκέτην, imparfait; 3.) εἰλήλουθμεν, Il. 9. 79, au lieu de εἰληλούθαμεν, parfait; ἴδμεν (plus tard l'on a dit : ἴσμεν) au lieu de ἴδαμεν, plus exactement οἴδαμεν; 4.) ἐπέπιθμεν, Il. 2. 341, au lieu de ἐπεπίθειμεν, communément ἐπεποίθειμεν, et autres semblables.—				

PASSIVE.

PARTICIPE.	INDICATIF.	CONJONCTIF.	OPTATIF.	IMPÉRATIF.
{ όμενος. ομένη. όμενον.	{ 1. ομαι, 2. εαι - ῃ. 1. όμεθον - όμεσθον. 1. όμεθα - όμεσθα. Les autres personnes ne changent pas.	{ 1. ωμαι 2. ηαι - ῃ. 1. ώμεθον - ώμεσθον. 1. ώμεθα - ώμεσθα.	{ 1. οίμην. 1. οίμεθον - οίμεσθον. 1. οίμεθα - οίμεσθα. 3. pl. οιντο - οίατο.	{ 2. εο - ευ. 3. έσθω. - - 3. pl. έσθων.
	Première forme : τυπτ ἔτυπτ { 1. όμην, 2. εο, 3. ετο. 1. όμεθον - όμεσθον. 1. όμεθα - όμεσθα.	Deuxième forme. τυπτεσκ { όμην - εο - ετο. . . . . . οντο. (πωλεσκόμην.)		REMARQUE. On a pu, sans inconvénient, supprimer les colonnes des infinitifs et des participes, ces modes n'admettant aucuns changemens.
{ μμένος. μμένη. μμένον.	τέτυμμαι sans changement; 3. pl. τετύφαται.			τέτυψο.
	τετύμμην ἐτετύμμην } sans changement.			
σ { όμενος. ομένη. όμενον.	τυπήσ { 1. ομαι, 2. εαι - ῃ. 1. όμεθον - όμεσθον. 1 όμεθα - όμεσθα.		τυπτησ { 1. οίμην 1. οίμεθον - οίμεσθον. 1. οίμεθα - οίμεσθα. 3. pl. οιντο - άντο.	
{ είς. εῖσα. έν.	{ τύπην. ἐτύπην.	τυπ τυφθ { ῶ - είω, 2. ῇς - είῃς (ήῃς), 3. ῇ-είῃ- (ήῃ) ῶμεν-είομεν, 2. ῆτον είετον, 3. ῆτον-είετον. ῶμεν - είομεν, 2. ῆτε -είετε, 3. έωσι. (Exemp. μιγέωσι. Il. 13. 475.)	τυπ { είην. pl. 1. είημεν-εῖμεν, 2. είητε -εῖτε, 3. είησαν - εῖεν.	τύπηθι.
ησ { όμενος. ομένη. όμενον.	τυφθησ { 1. ουαι, 2. εαι ῃ. 1. όμεθον - όμεσθον. 1. όμεθα - όμεσθα.		τυφθης { 1. οίμην. 1. οίμεθον-οίμεσθον. 1. οίμεθα -οίμεσθα. 3. pl. οιντο. - οιατο.	
θ { είς. εῖσα. έν.	τύφθ ἐθύφθ { ην - ης - η. 3. pl. εν - ησαν.		τυφθ { είην. pl. 1. είημεν - εῖμεν, 2. είητε - εῖτε, 3. είησαν, εῖεν.	τύφθητι.
{ ούμενος. ουμένη. ούμενον.	τυπ { 1. εῦμαι, 2. (έεαι) -έῃ, 3. εῖται. 1. εύμεθον, 2. έεσθον -εῖσθον, 3. έεσθον-εῖσθον. 1. εύμεθα, 2. έεσθε -εῖσθε, 3. έονται -εῦνται.		τυπεοίμην. sans contraction.	
{ όμενος. ομένη. όμενον.	τυπ ἔτυπ τετυπ { 1. όμην, 2. εο (sans contract.) 1. όμεθον -όμεσθον. 1. όμεθα -όμεσθα.	τύπ τετυπ { 1. ωμαι 2. ηαι - ῃ. 1. ώμεθον - ώμεσθον. 1. ώμεθα - ώμεσθα.	τυπ τετυπ { 1. οίμην. 1. οίμεθον - οίμεσθον. 1. οίμεθα - οίμεσθα. 3. pl. οιντο - οίατο.	τύπεο. τύπευ. τετύπευ.
ψ { όμενος. ομένη. όμενον.	τύψ { 1 ομαι, 2. εαι-ῃ. 1. όμεθον - όμεσθον. 1. όμεθα - όμεσθα.		τυψ { 1. οίμην. 1. οίμεθον - οίμεσθον. 1. οίμεθα - οίμεσθα. 3. pl. οιντο - οίατο.	
ψ { άμενος. αμένη. άμενον.	τυψ ἐτυψ { 1. άμην, 2. αο - ω. 1. άμεθον - άμεσθον. 1. άμεθα - άμεσθα.	τυψ { 1. ωμαι, 2. ηαι-ῃ. 1. ώμεθον - ώμεσθον. 1. ώμεθα - ώμεσθα.	τυψ { 1. αίμην. 1. αίμεθον - αιμεσθον. 1. αίμεθα - αιμεσθα.	τύψαι.

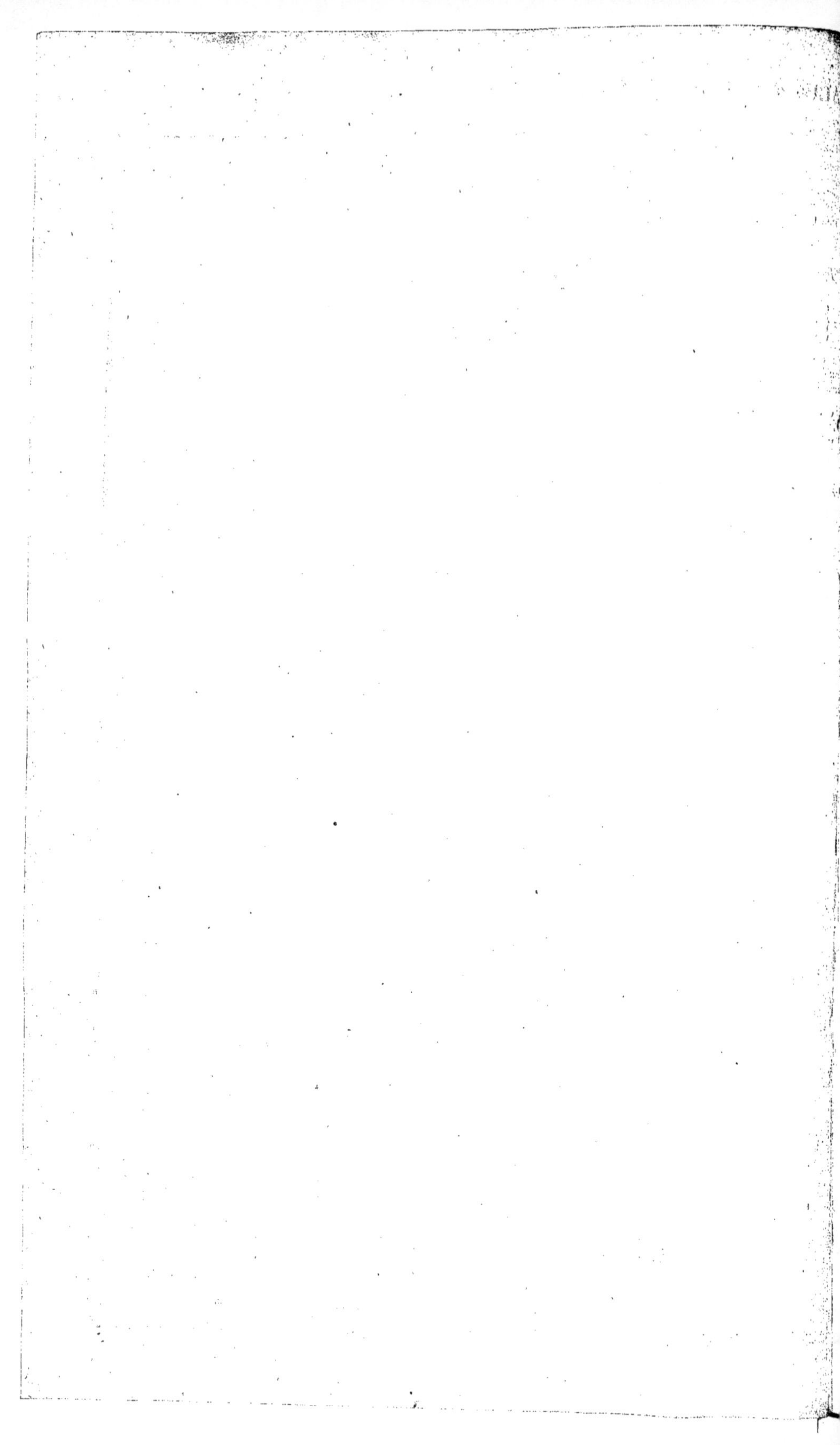

§. 31. Développement *de tous les cas possible*

Avant de pouvoir faire comprendre la conjugaison des Aoristes passifs, présentée dans le sixième Tableau, et une autre conjugaison remarquable p contractions. Ceux des verbes purs, dont le radical polysyllabe se termine par l'une des Voyelles ε, α, ο, comme οἰκέ-ω, τιμά-ω, χρυσό-ω, sont sujets, su χρυσοῖ. Ces changemens s'appellent des contractions, et cette dénomination peut leur être conservée sans inconvénient; mais il ne faudrait pas qu'elle οἰκεῖ, χρυσόῃ, en χρυσοῖ, qui pourrait bien se figurer que cette Diphthongue ει, indépendamment des deux Voyelles qui la composent, renferme encore un Voyelles, de manière que deux sous différents se trouvent confondus en un son unique, ayant avec eux le plus possible d'analogie; et l'on aurait tort de contracter les deux εε de δηλος en δῆλος, ou de changer οἰκεε en οἴκει; de représenter deux εε par la longue η, ou de leur substituer la Diphthongue ει. Da fasse entendre au lieu du double ε, la Diphthongue ει qui s'en rapproche le plus possible. —

Dans le cas qui nous occupe, celui des verbes en εω, αω, οω, les Présents et Imparfaits de ces verbes présentent une collision des Voyelles ε, α, ο, avec pour la voix active, et en η, pour la voix passive. Ensuite, les lettres modales sont, pour le Conjonctif, ω, η, ῃ; pour l'Optatif, οι; pour l'Impératif, ε, ο, dont on pourrait encore charger ce groupe, c.-à-d. ει et ῃ, rentrent nécessairement dans quelqu'une de celles qui en font partie; car on sait que, hormis τιμάεις, contraction τιμᾷς. Il en résulte que ει, ῃ n'ont pas plus de valeur que ε, η. Il ne reste donc plus pour Voyelles passibles de contraction que les deux

§. 32. Règles *des Contractions pour toutes les personnes.*

A. ε, εε, εο, εη, εω, εοι, εου.

B. α, αε, αο, αη, αω, αοι, αου.

C. ο, οε, οο, οη, οω, οοι, οου.

A. Pour εε, l'on prononce ει; pour εο, l'on prononce ου. ε devant une Voyelle longue, ou une Diphthongue, disparaît. Exemple : φίλ-εε, φίλ-ει; ἐφίλ-εον, ἐφίλ-ουν. — φιλέῃ, φιλῇ; φιλέωνται, φιλῶνται; φιλεοίσθην, φιλοίσθην; φιλέουσι, φιλοῦσι.

B. Au lieu de α suivi du son de ε (ε, η), faites entendre un α long; au lieu de α suivi du son de ο (ο, ω, οι, ου), faites entendre un ω. Exemple : τίμαε, τίμα; τιμάεις, τιμᾷς; τιμάηται, τιμᾶται; τιμάῃς, τιμᾷς. — ἐτίμαον, ἐτίμων; τιμάωσι, τιμῶσι; τιμάοιμι, τιμῷμι; τιμάου, τιμῶ. —

C. ο suivi d'une Voyelle brève doit sonner comme ου; suivi d'une Voyelle longue, il se profère comme ω; devant l'une des Diphthongues οι, ου, il se supprime tout-à-fait. Exemple : χρυσόειν, χρυσοῦν; χρύσοον, χρύσουν, — χρυσόητον, χρυσῶτον; χρυσόωσι, χρυσῶσι. — χρυσόοιμι, χρυσοῖμι; χρυσόουσα, χρυσοῦσα. —

Remarque. Au lieu de ο, suivi de ει ou de ῃ (avec iôta souscrit), on prononce οι : χρυσόεις, χρυσοῖς; χρυσόῃς, χρυσοῖς. On voit au reste qu'il n'y a plus d'autres contractions possibles après celles dont on présente ici le tableau, et qu'elles y sont entièrement épuisées. —

§. 34. Actif.

		Verbe pur en — έω.				Verbe pur en — άω.				Verbe pur en — όω.			
		Radic.	formes entières	f. contr. ou Atti.	formes homériques.	Rad.	formes entières.	f. contra. ou Att.	formes homériq.	Radi.	formes entières.	f. contra. ou Attiq.	formes homériq.
Indicatif.	S.	φιλ-	έω-	ῶ.	-έω -είω.	τιμ-	άω-	ῶ.	-άω -ω -όω -ώω.	δηλ-	όω-	ῶ.	-όω - ῶ.
		φιλ-	έεις-	εῖς.	-έεις -είεις -εῖς.	τιμ-	άεις-	ᾷς.	-άεις -ᾷς -ᾶᾳς -ᾶᾳς.	δηλ-	όεις-	οῖς.	-όεις - οῖς.
		φιλ-	έει-	εῖ.	-έει -είει -εῖ.	τιμ-	άει-	ᾷ.	-άει -ᾷ -ᾶᾳ -ᾶᾳ.	δηλ-	όει-	οῖ.	-όει - οῖ.
	D.	φιλ-	έετον-	εῖτον.	-έετον -είετον -εῖτον.	τιμ-	άετον-	ᾶτον.	-άετον - ᾶτον - ᾶᾶτον.	δηλ-	όετον-	οῦτον.	-όετον - οῦτον.
	P.	φιλ-	έομεν-	οῦμεν.	-έομεν -είομεν -εῦμεν.	τιμ-	άομεν-	ῶμεν.	-άομεν - ώμεν - όωμεν. -ώωμεν.	δηλ-	όομεν-	οῦμεν.	-όομεν - οῦμεν.
		φιλ-	έετε-	εῖτ.	-έετε -είετε -εῖτε.	τιμ-	άετε-	ᾶτε.	-άετε - ᾶτε - ᾶᾶτε.	δηλ-	όετε-	οῦτε.	-όετε - οῦτε.
		φιλ-	έουσι-	οῦσι.	-έουσι -εῦσι.	τιμ-	άουσι-	ῶσι.	-άουσι - ῶσι - όωσι. -ώωσι.	δηλ-	όουσι-	οῦσι.	-όουσι.
Conjonct.	S.	φιλ-	έω-	ῶ.	-έω -είω.	τιμ-	άω-	ῶ.	-άω - ῶ - όω - ώω.	δηλ-	όω-	ῶ.	-όω.
		φιλ-	έῃς-	ῇς.	-έῃς -είῃς-ἐησθα.	τιμ-	άῃς-	ᾷς.	-άῃς - ἀησθα.	δηλ-	όῃς-	οῖς.	-όῃς - όησθα.
		φιλ-	έῃ-	ῇ.	-έῃ- ἐησι - είῃ - είησι.	τιμ-	άῃ-	ᾷ.	-άῃ - ἀησι.	δηλ-	όῃ-	οῖ.	-όῃ - όησι.
	D.	φιλ-	έητον-	ῆτον.	-έητον - είετον.	τιμ-	άητον-	ᾶτον.	-άητον.	δηλ-	όητον-	ῶτον.	-όητον.
	P.	φιλ-	έωμεν-	ῶμεν.	-έωμεν - είομεν.	τιμ-	άωμεν-	ῶμεν.	-άωμεν - ῶμεν.	δηλ-	όωμεν-	ῶμεν.	-όωμεν.
		φιλ-	έητε-	ῆτε.	-έητε -είετε.	τιμ-	άητε-	ᾶτε.	-άητε.	δηλ-	όητε-	ῶτε.	-όητε.
		φιλ-	έωσι-	ῶσι.	-έωσι.	τιμ-	άωσι-	ῶσι.	-άωσι - ωσι.	δηλ-	όωσι-	ῶσι.	-όωσι.
Optatif.	S.	φιλ-	έοιμι-	οῖμι.	-έοιμι -οίην.	τιμ-	άοιμι-	ῷμι.	-άοιμι - ῷμι - όῳμι.	δηλ-	όοιμι-	οῖμι.	-όοιμι.
		φιλ-	έοις-	οῖς.	-έοις -οίης.	τιμ-	άοις-	ῷς.	-άοις - ῷς.	δηλ-	όοις-	οῖς.	-όοις.
		φιλ-	έοι-	οῖ.	-εοι -οίη.	τιμ-	άοι-	ῷ.	-άοι - ῷ.	δηλ-	όοι-	οῖ.	-όοι.
	D.	φιλ-	έοιτον-	οῖτον.	-έοιτον.	τιμ-	άοιτον-	ῷτον.	-άοιτον - όῳτον.	δηλ-	όοιτον-	οῖτον.	-όοιτον.
		φιλ-	εοίτην-	οίτην.	-εοίτην.	τιμ-	αοίτην-	ῴτην.	-αοίτην.	δηλ-	οοίτην-	οίτην.	-οοίτην.
	P.	φιλ-	έοιμεν-	οῖμεν.	-έοιμεν.	τιμ-	άοιμεν-	ῷμεν.	-άοιμεν - όωμεν.	δηλ-	όοιμεν-	οῖμεν.	-όοιμεν.
		φιλ-	έοιτε-	οῖτε.	-έοιτε.	τιμ-	άοιτε-	ῷτε.	-άοιτε - ῷτε - όῳτε.	δηλ-	όοιτε-	οῖτε.	-όοιτε.
		φιλ-	έοιεν-	οῖεν.	-έοιεν.	τιμ-	άοιεν-	ῷεν.	-άοιεν - ῷιν - όῳεν.	δηλ-	όοιεν-	οῖεν.	-όοιεν.
Impérat.	S.	φιλ-	εε-	ει.	-εε -ει.	τίμ-	αε-	α.	-αε - α.	δῆλ-	οε-	ου.	-οε -ου.
		φιλ-	εέτω-	είτω.	-εέτω -είτω.	τιμ-	αέτω-	άτω.	-αέτω - άτω.	δηλ-	οέτω-	ούτω.	-οέτω -ούτω.
	D.	φιλ-	έετον-	εῖτον.	-έετον -εῖτον.	τιμ-	άετον-	ᾶτον.	-άετον - ᾶτον.	δηλ-	όετον-	οῦτον.	-όετον -οῦτον.
		φιλ-	εέτων-	είτων.	-εέτων -είτων.	τιμ-	αέτων-	άτων.	-αέτων - άτων.	δηλ-	οέτων-	ούτων.	-οέτων -ούτων.
	P.	φιλ-	έετε-	εῖτε.	-έετε -εῖτε.	τιμ-	άετε-	ᾶτε.	-άετε - ᾶτε.	δηλ-	όετε-	οῦτε.	-όετε -οῦτε.
		φιλ-	εέτωσαν-	είτωσαν.	-εέτωσαν-είτωσαν.	τιμ-	αέτωσαν-	άτωσαν.	-αέτωσαν - άτωσαν.	δηλ-	οέτωσαν-	ούτωσαν.	-οέτωσαν-ούτωσαν.
Infinitif.		φιλ-	έειν-	εῖν.	{ -έειν. -εῖν. } { ήμεναι. ῆναι. }	τιμ-	άειν-	ᾶν.	-άειν - ᾶν - άαν.	δηλ-	όειν-	οῦν.	-όειν.
Participe.	M.	φιλ-	έων-	ῶν.	-έων -είων.	τιμ-	άων-	ῶν.	-άων -ῶν -όων.	δηλ-	όων-	ῶν.	-όων.
	F.	φιλ-	έουσα-	οῦσα.	-έουσα -είουσα.	τιμ-	άουσα-	ῶσα.	-άουσα-ῶσα -όωσα -άωσα-ώωσα.	δηλ-	όουσα-	οῦσα.	-όουσα.
	N.	φιλ-	έον-	οῦν.	-εον.	τιμ-	άον-	ῶν.	-άον -ῶν.	δηλ-	όον-	οῦν.	-όον.
Imparf.	S.	ἐφίλ-	εον-	ουν.	-εον.	ἐτίμ-	αον-	ων.	-αον-ων-όων.	ἐδήλ-	οον-	ουν.	-οον.
		ἐφίλ-	εες-	εις.	-εες -εις.	ἐτίμ-	αες-	ας.	-αες-ας-ᾶας	ἐδήλ-	οες-	ους.	-οες - ους.
		ἐφίλ-	εε-	ει.	-εε -ει.	ἐτίμ-	αε-	α.	-αε -α -άα.	ἐδήλ-	οε-	ου.	-οε - ου.
	D.	ἐφίλ-	έετον-	εῖτον.	-έετον -εῖτον.	ἐτίμ-	άετον-	ᾶτον.	-αετον-ᾶτον-άατον.	ἐδήλ-	όετον-	οῦτον.	-όετον - οῦτον.
		ἐφίλ-	εέτην-	είτην.	-εέτην -είτην.	ἐτίμ-	αέτην-	άτην.	-αέτην-άτην-αάτην.	ἐδήλ-	οέτην-	ούτην.	-οέτην - ούτην.
	P.	ἐφίλ-	έομεν-	οῦμεν.	-έομεν -εῦμεν.	ἐτίμ-	άομεν-	ῶμεν.	-άομεν-ῶμεν-όωμεν.	ἐδήλ-	όομεν-	οῦμεν.	-όομεν - οῦμεν.
		ἐφίλ-	έετε-	εῖτε.	-έετε -εῖτε.	ἐτίμ-	άετε-	ᾶτε.	-άετε -ᾶτε -άατε.	ἐδήλ-	όετε-	οῦτε.	-όετε - οῦτε.
		ἐφίλ-	εον-	ουν.	-εον.	ἐτίμ-	αον-	ων.	-αόν -ων.	ἐδήλ-	οον-	ουν.	-οον - ουν.

(Imparf., formes homériques, en marge : εεσκ- } ον-εσ-ε. ; εεεσκ- } 3. pl. ον. — αεσκ-ον -εσ-ε-3. pl.-ον.)

de contraction dans les verbes en ω pur. —

son ancienneté et sa simplicité, et dans laquelle il n'entre pas de Voyelle modale, il est nécessaire de jeter un coup-d'œil sur ce qu'on appelle les
ut dans le dialecte attique, à plusieurs modifications du Présent et de l'Imparfait. Par exemple, au lieu de οἰκέει, on dit : οἰκεῖ; au lieu de χρυσέη,
t supposer que la Voyelle qui apparait après la contraction, renferme celles que cette contraction a comme éliminées. Quand on a contracté οἰκέει en
atre ι, ou que, dans la Diphthongue οι, il y ait à la fois les trois lettres ο, η, ι? Il est manifeste qu'une prononciation rapide a modifié ce concours de
oire que la Voyelle substituée comprend les deux autres, et qu'elle est une espèce de ligature destinée à les réunir. C'est une chose toute différente de
le premier cas, on ne fait que préférer le signe η, qui véritablement tient lieu de deux ε; dans le second, on veut que la rapidité de la prononciation

s Voyelles et Diphthongues modales. Ces dernières sont pour l'Indicatif, ο, ε, et nous savons déjà que l'addition des désinences les change en ω, ει, ου,
ω; pour l'Infinitif, ε, ει, et pour le participe, ο, ου, ω. L'ordre dans lequel il convient de les disposer est le suivant : ε, ο, η, ω, οι, ου. Les autres Voyelles
circonstance expliquée plus loin, ι ne peut jamais causer aucun embarras, puisqu'on se borne à le souscrire, toutes les fois que cela se peut; exemple :
eves, les deux longues et les deux Diphthongues οι, ου. Avec elles peuvent s'aheurter toutes celles exposées dans le paragraphe ci-après. —

§. 33. Sur *les Contractions homériques.*

La manière dont les verbes en ω pur sont traités dans Homère', doit se considérer sous un double point de vue. A. D'abord elle n'est qu'une approximation du système complet de contraction pour toutes les personnes; aussi voit-on 1), que la contraction y manque à s'accomplir dans les cas où ε est placé devant l'une des Voyelles ou Diphthongues ω, η, ῃ, οι et ου; ο, devant οι, η, ῃ; α, devant η, ῃ; 2.) De plus, il arrive souvent qu'une même forme, après s'y être montrée affranchie de contraction, reparaît presque aussitôt, plus ou moins régulièrement contractée, comme, par exemple, προσεφώνεε et προσεφώνει. B. En second lieu, la contraction homérique n'admet que des formes qui puissent entrer dans la composition de l'hexamètre; aussi use-t-elle d'une grande liberté pour les diverses flexions qu'elle fait subir aux mots. (Notre paradigme ne donne pas de syllabes radicales, sous la rubrique des formes employées par Homère; cette omission a pour but d'offrir tous les cas possibles de contraction homérique, sans présenter aucune forme opposée aux lois du vers alexandrin.) Les divers besoins du mètre sont cause 1), que souvent ε devient long, et que, par exemple, φιλ-έω-έῃς-έῃ se changent en φιλ-είω-είῃς-είῃ; 2) que des formes contractées s'arrondissent, comme quand, dans les verbes en αω, la Voyelle du radical, ou l'une de celles qu'efface la contraction, se montre avant la syllabe contractée, avec un accroissement arbitraire de la quantité qui lui est propre. Ainsi, de ναιετάουσα (ναιετάοντσα), le poète épique fait ναιετάωσα et ναιετόωσα, parce que ναιετῶσα ne saurait entrer dans le vers de six pieds. C'est à raison du même motif, que l'on contracte ὁράουσα, tantôt en ὁρῶσα, tantôt en ὁρόωσα, et que ζάουσα se change en ζῶσα et en ζώωσα, la forme ζόωσα ne pouvant pas être admise dans le grand vers. La même chose doit être dite de μνάεσθαι-μνᾶσθαι, - μνάασθαι, et de γελάειν-γελᾶν-γελααν. — Selon la vraie manière d'Homère, la contraction de εο se fait en ευ, excepté pour la seconde personne de l'Imparfait et de l'Aoriste 2. M. Ainsi, par exemple, la 3ᵉ personne du pluriel, νεικέουσι (de νεικέοντσι) peut faire dans Homère (νεικευντσι) νεικεῦσι. Cependant, à la 3ᵉ personne du pluriel de l'Imparfait, certaines formes, telles que ἐπόρθουν, ἀνεῤῥίπτουν, suivent le mode habituel de contraction de εο en ου. Avec la double considération que nous venons d'exposer, on peut, sans autre secours, se rendre raison de tous les cas de contraction homérique, présentés dans le paradigme suivant. —

§. 35. Passif.

		Verbe pur en — έομαι.				*Verbe pur en* — άομαι.				*Verbe pur en* — όομαι.			
		Radic.	formes entières.	f. contra. ou Attiq.	formes homériq.	Rad.	formes entières.	f. contr. ou Att.	formes homériq.	Rad.	formes entières.	f. contr. ou Attiq.	formes homériques.
Indicatif.	S.	φιλ-	έομαι-	οῦμαι.	-έομαι - εῦμαι.	τιμ-	άομαι-	ῶμαι.	-αομαι - ωμαι.	δηλ-	όομαι-	οῦμαι.	-όομαι -οῦμαι.
		φιλ-	έῃ-	ῇ.	-(έεαι) - εῖαι - εαι.	τιμ-	άῃ-	ᾷ.	-αεαι.	δηλ-	όῃ-	οῖ.	-όεαι -όῃ.
		φιλ-	έεται-	εῖται.	-ίεται - εῖται.	τιμ-	άεται-	ᾶται.	-άεται - ᾶται - άαται.	δηλ-	όεται-	οῦται.	-όεται -οῦται.
	D.	φιλ-	εόμεθον-	ούμεθον.	-εύμεθον - εόμεσθον.	τιμ-	αόμεθον-	ώμεθον.	-αόμεθον - ώμεθον.	δηλ-	οόμεθον-	ούμεθον.	-οόμεθον -ούμεθον.
		φιλ-	έεσθον-	εῖσθον.	-έεσθον - εῖσθον.	τιμ-	άεσθον-	ᾶσθον.	-άεσθον-ᾶσθον-άασθον.	δηλ-	όεσθον-	οῦσθον.	-όεθον -οῦσθον.
	P.	φιλ-	εόμεθα-	ούμεθα.	-εύμεθα - εόμεσθα.	τιμ-	αόμεθα-	ώμεθα.	-αόμεθα - ώμεθα.	δηλ-	οόμεθα-	ούμεθα.	-οόμεθα -ούμεθα.
		φιλ-	έεσθε-	εῖσθε.	-έεσθε - εῖσθε.	τιμ-	άεσθε-	ᾶσθε.	-άεσθε-ᾶσθε-άασθε.	δηλ-	όεσθε-	οῦσθε.	-όεσθε -οῦσθε.
		φιλ-	έονται.	οῦνται.	-έονται - εῦνται.	τιμ-	άονται-	ῶνται.	-άονται-ῶνται-όωνται.	δηλ-	όονται.	οῦνται.	-όονται -οῦνται.
Conjonct.	S.	φιλ-	έωμαι-	ῶμαι.	-έομαι-εῦμαι.	τιμ-	άωμαι-	ῶμαι.	-άωμαι.	δηλ	όωμαι-	ῶμαι.	-όωμαι.
		φιλ-	έῃ-	ῇ.	-έηαι.	τιμ-	άῃ-	ᾷ.	-άῃ.	δηλ-	όῃ-	οῖ.	-όῃ.
		φιλ-	έηται-	ῆται.	-έηται.	τιμ-	άηται-	ᾶται.	-άεται - ᾶται.	δηλ-	όηται-	ῶται.	-όηται.
	D.	φιλ-	εώμεθον-	ώμεθον.	-εώμεθον.	τιμ-	αώμεθον-	ώμεθον.	-αώμεθον.	δηλ-	οώμεθον-	ώμεθον.	-οώμεθον.
		φιλ-	έησθον-	ῆσθον.	-έησθον.	τιμ-	άησθον-	ᾶσθον.	-άησθον.	δηλ-	όησθον-	ῶσθον.	-όησθον.
	P.	φιλ-	εώμεθα-	ώμεθα.	-εώμεθα.	τικ-	αώμεθα-	ώμεθα.	-αώμεθα.	δηλ-	οώμεθα-	ώμεθα.	-οώμεθα.
		φιλ-	έησθε-	ῆσθε.	-έησθε.	τιμ-	άησθε-	ᾶσθε.	-άησθε.	δηλ-	όησθε-	ῶσθε.	-όησθε.
		φιλ-	έωνται-	ῶνται.	-έωνται.	τιμ-	άωνται-	ῶνται.	-άωνται.	δηλ-	όωνται-	ῶνται.	-όωνται.
Optatif.	S.	φιλ-	εοίμην-	οίμην.	-εοίμην.	τιμ-	αοίμην-	ῴμην.	-αοίμην -ῴμην -οῴμην.	δηλ-	οοίμην-	οίμην.	-οοίμην.
		φιλ-	έοιο-	οῖο.	-έοιο.	τιμ-	άοιο-	ῷο.	-άοιο -ῷο -όῳο.	δηλ-	όοιο-	οῖο.	-όοιο.
		φιλ	έοιτο-	οῖτο.	-έοιτο.	τιμ-	άοιτο-	ῷτο.	-άοιτο -ῷτο -όῳτο.	δηλ-	όοιτο-	οῖτο.	-όοιτο.
	D.	φιλ-	εοίμεθον-	οίμεθον.	-εοίμεθον.	τιμ-	αοίμεθον-	ῴμεθον.	-αοίμεθον-ῴμεθον-οῴμ.	δηλ-	οοίμεθον-	οίμεθον.	-οοίμεθον.
		φιλ-	έοισθον-	οῖσθον.	-έοισθον.	τιμ-	άοισθον-	ῷσθον.	-άοισθον -ῷσθον -όῳσθ.	δηλ-	όοισθον-	οῖσθον.	-όοισθον.
		φιλ-	εοίσθην-	οίσθην.	-εοίσθην.	τιμ-	αοίσθην-	ῴσθην.	-αοίσθην -ῴσθην -οῴσθ.	δηλ-	οοίσθην-	οίσθην.	-οοίσθην.
	P.	φιλ-	εοίμεθα-	οίμεθα.	-εοίμεθα.	τιμ-	αοίμεθα-	ῴμεθα.	-αοίμεθα -ῴμεθα -οῴμ.	δηλ-	οοίμεθα-	οίμεθα.	-οοίμεθα.
		φιλ-	έοισθε-	οῖσθε.	-έοισθε.	τιμ-	άοισθε-	ῷσθε.	-άοισθε -ῷσθε -όῳσθ.	δηλ-	όοισθε-	οῖσθε.	-όοισθε.
		φιλ-	έοιντο-	οῖντο.	-έοιντο.	τιμ-	άοιντο-	ῷντο.	-άοιντο -ῷντο -όῳντο.	δηλ-	όοιντο-	οῖντο.	-όοιντο.
Impérat.	S.	φιλ-	έου-	οῦ.	-εῦ (αἰδεῖο Il. ω 503.)	τιμ-	άου-	ῶ.	-(άεο) - εὺ - ω - όω.	δηλ-	όου-	ου.	-(όεο).
		φιλ-	εέσθω-	είσθω.	-εέσθω -είσθω.	τιμ-	αέσθω-	άσθω.	-αέσθω -άσθω αάσθω.	δηλ-	οέσθω-	ούσθω.	-οέσθω -ούσθω.
	D.	φιλ-	έεσθον-	εῖσθον.	-έεσθον -εῖσθον.	τιμ-	άεσθον-	ᾶσθον.	-άεσθον -ᾶσθον άασθον.	δηλ-	όεσθον-	οῦσθον.	-όεσθον -οῦσθον.
		φιλ-	εέσθων-	είσθων.	-εέσθων -είσθων.	τιμ-	αέσθων-	άσθων.	-αέσθων - άσθων.	δηλ-	οέσθων-	ούσθων.	-οέσθων -οῦσθων.
	P.	φιλ-	έεσθε-	εῖσθε.	-έεσθε -εῖσθε.	τιμ-	άεσθε-	ᾶσθε.	-άεσθε - ᾶσθε - άασθε.	δηλ-	όεσθε-	οῦσθε.	-όεσθε -οῦσθε.
		φιλ-	εέσθωσαν-	είσθωσαν.	-εέσθωσαν-είσθωσαν.	τιμ-	αέσθωσαν-	άσθωσαν.	-αέσθωσαν-άσθωσαν.	δηλ-	οέσθωσαν-	ούσθωσαν.	-οέσθωσαν-ούσθωσαν.
Infinitif.		φιλ-	έεσθαι-	εῖσθαι.	-έεσθαι - εῖσθαι.	τιμ-	άεσθαι-	ᾶσθαι.	-άεσθαι - ᾶσθαι - άασθ.	δηλ-	όεσθαι-	οῦσθαι.	-όεσθαι - οῦσθαι.
Participe.		φιλ-	εόμενος-	ούμενος.	-εύμενος.	τιμ-	αόμενος-	ώμενος.	-αόμενος - ώμενος - οώμ.	δηλ-	οόμενος-	ούμενος.	-οόμενος - ούμενος.
Imparf.	S.	ἐφιλ-	εόμην-	ούμην.	-εόμην - εύμην.	ἐτιμ-	αόμην-	ώμην.	-αόμην -ώμην -οώμην.	ἐδηλ-	οόμην-	ούμην.	-οόμην -ούμην.
		ἐφιλ-	έου-	οῦ.	-(έεο) - εῖο.	ἐτιμ-	άου-	ῶ.	-(αεο).	ἐδηλ-	όου-	οῦ.	-(όεο).
		ἐφιλ-	έετο-	εῖτο.	-εῖτο - είετο.	ἐτιμ-	άετο-	ᾶτο.	-άετο -ᾶτο -άατο.	ἐδηλ-	όετο-	οῦτο.	-όετο -οῦτο.
	D.	ἐφιλ-	εόμεθον-	ούμεθον.	-εύμεθον.	ἐτιμ-	αόμεθον-	ώμεθον.	-αόμεθον -ώμεθ -οώμ.	ἐδηλ-	οόμεθον-	ούμεθον.	-οόμεθον -ούμεθον.
		ἐφιλ-	έεσθον-	εῖσθον.	-έεσθον - εῖσθον.	ἐτιμ-	άεσθον-	ᾶσθον.	-αεσθον -ᾶσθον -άασθ.	ἐδηλ-	όεσθον-	οῦσθον.	-όεσθον -οῦσθον.
		ἐφιλ-	εέσθην-	είσθην.	-εέσθην - είσθην.	ἐτιμ-	αέσθην-	άσθην.	-αέσθην -άσθην -αάσθ.	ἐδηλ-	οέσθην-	ούσθην.	-οέσθην -ούσθην.
	P.	ἐφιλ-	εόμεθα-	ούμεθα.	-εόμεθα - εύμεθα.	ἐτιμ-	αόμεθα-	ώμεθα.	-αόμεθα -ώμεθα -οώμ.	ἐδηλ-	οόμεθα-	ούμεθα.	-οόμεθα -ούμεθα.
		ἐφιλ-	έεσθε-	εῖσθε.	-έεσθε - εῖσθε.	ἐτιμ-	άεσθε-	ᾶσθε.	-άεσθε -ᾶσθε -άασθε.	ἐδηλ-	όεσθε-	οῦσθε.	-όεσθε -οῦσθε.
		ἐφιλ-	έοντο-	οῦντο.	-έοντο - εῦντο.	ἐτιμ-	άοντο-	ῶντο.	-άοντο -ῶντο -όωντο.	ἐδηλ-	όοντο-	οῦντο.	-όοντο -οῦντο.

§. 36. Conjugaison *des Aoristes passifs.* —

Nous devons faire connaître à présent *la conjugaison sans Voyelle modale,* ainsi appelée parce que l'on peut expliquer presque toutes les différences qui existent entre elle et le paradigme précédent, par le seul manque de cette Voyelle. — Ici, plus qu'ailleurs, il est besoin de reconnaître pour chaque temps, le procédé de sa formaison; car le paradigme des verbes en question se peut à peine retenir, si c'est à la mémoire seule que l'on en confie l'ensemble, ou même quelques parties seulement; tandis que, si l'on en développe les principes, il devient facile à saisir, et peut se graver promptement dans l'esprit. — Il nous faut commencer par les Aoristes passifs, dont le paragraphe 29 a déjà présenté provisoirement le paradigme. Si, recourant à ce tableau, l'on y compare l'Indicatif ἐτύφθην et l'Optatif τυφθείην; ἐτύπην et τυπείην, il est évident que ce sont ici les radicaux temporels τυφθε et τυπε, auxquels, pour former les Aoristes passifs, on a joint les désinences des temps secondaires de la voix active : Sing., 1 - ν. 2 - σ. 3 - ». Duel, 1 - μέν. 2 - τον. 3 - την. Plur., 1 - μεν. 2 - τε. 3 - σαν (comme au plus-que-parfait actif). Ces terminaisons, à raison de l'absence de toute Voyelle modale, s'ajustent au radical immédiatement, et celui-ci augmente la quantité de sa Voyelle finale à tous les nombres de l'Indicatif et de l'Impératif, et à l'Infinitif; l'on a donc de cette manière, ἐτύφθην — ἐτύφθησαν, de τυφθε; ἔστην — ἔστησαν, de στα. Jetons avant tout un coup-d'œil sur cette conjugaison. —

	Indicatif.		*Conjonctif.*		*Optatif.*		*Impératif.*		*Infinitif.*		*Participe.*
1.)	ἐτύπ / ἐτύφθ { -ην -ης -η. / -ημεν -ητον -ήτην. / -ημεν -ητε -ησαν.	2.)	τυπ / τυφθ { -ῶ -ῇς -ῇ. / -ῶμεν -ῆτον -ῆτον. / -ῶμεν -ῆτε -ῶσι.	3.)	{ είην -είης -είη. / είημεν -είητον -ειήτην. / ειημεν -είητε -είησαν.	4.)	{ ηθι -ήτω. / ηθον -ήτων. / ητε -ήτωσαν.	5.)	{ ῆναι.	6.)	{ είς. / εῖσα. / έν.

Et remarquons d'abord, sous le numéro 2), que le Conjonctif a dans toute cette conjugaison une Voyelle modale, mais que, pour l'ordinaire, il la contracte : τυπέω - τυπῶ; τυπέῃς - τυπῇς. De même, le radical θε donne θέω—θέῃς-θέῃ, communément θῶ - θῇς - θῇ, et, dans Homère, θείω - θείῃς - θείῃ, en faisant ι long, comme dans φιλείω, είῃς. Le numéro 3) nous fait voir l'Optatif, ayant dans toute la conjugaison un ι après le radidal, puis y ajoutant les terminaisons de l'Indicatif, jointes à la Voyelle longue η : Sing. 1. - ην. 2. - ης. 3. - η. Duel ημεν - ητον - ητην. Plur. ημεν - ητε - ησαν. C'est ainsi que se forme τυφθε - ι - η - ν, qui, assemblé, donne τυφθείην. De τιθε, on fait τιθείην; de θε, θείην; de στα, σταίην, σταίης, et ainsi de suite pour toutes les personnes; δο devient δοίην; ἑ devient εἵην, etc. L'Impératif (n° 4) a de même les terminaisons de la voix active, et à la seconde personne du singulier, il ajoute θι, que nous avons supprimé à l'actif. Ses désinences sont donc : Sing. 2. - θι. 3. - τω. Duel 2. - τον. 3. - των. Plur. 2 - τε. 3. - τωσαν. C'est seulement dans quelques cas, et, par exemple, pour στα (radical d'ἵστημι), que l'on donne à la Voyelle la quantité longue : (σταθι) στῆθι. Cet accroissement de quantité n'a point lieu pour la plupart des autres verbes: διδο fait δίδοθι; ἱε fait ἵεθι, ἱέτω. Lorsqu'il se rencontre deux θ, comme dans τυφθηθι, τιθεθι, le dernier se change en sa tenue τ : τύφθητι, τίθετι. Ordinairement l'Infinitif en -ναι (n° 5) a aussi une brève pour Voyelle radicale; le contraire arrive, il est vrai, dans τυπῆναι, λεχθῆναι, στῆναι; mais on dit τιθέναι, du radical τιθε; ἱσθάναι, du radical ἱσθα, etc., etc. 6.) La terminaison des participes est manifestement en -ντς - ντσα - ντσ, qui, avec l'addition d'un radical, donneront, par exemple, τυφθεντς, τυφθεντσα, τυφθεντς, et, en châtiant la forme, τυφθείς, εῖσα, έν. (Le neutre supprime -τς, pour avoir une forme différente de celle du masculin.) De δο, l'on fera (δοντς) δούς - οῦσα - όν; de στα (σταντς) στάς - στᾶσα - στάν; de δεικνυ (δεικνυντσ) - δεικνύς - ῦσα - ύν. —

Remarque à ajouter au §. 37. Tous les autres temps se forment, comme d'ordinaire, du radical, avec emploi de la Voyelle m Parfait act. τέθεικα; le Parf. pass. τέθειμαι, et le plus-que-parf. ἐτεθείμην. Dans δίδωμι, l'Aor. 1er actif fait ἔδωκα; l'Aor. 1er moyen ἐδωκάμην.

§. 38. Passif *sans V*

Le passif n'a pas de terminaisons qui lui soient propres; il prend celles de la conjugaison avec Voyelle modale. Mais comme l gularité, et ne peut donner lieu qu'aux observations suivantes. 1.) Elle régit seulement le Présent, l'Imparfait, et, dans quelqu -το. Aoriste 2. moy. ἐθέ-μην-σο-το. Il s'entend de reste que l'Aoriste ne peut figurer dans la réunion de ces trois temps, que quand secondes personnes du singulier gardent pour l'ordinaire leur σ que ne précède aucune Voyelle modale, et qui ne se supprime q ἵστω. 3.) Le Conjonctif seul admet, pour l'ordinaire, la Voyelle modale et la contraction : τιθέ-ωμαι, τιθῶμαι; τιθέ-ῃ, τιθῇ; τιθέ-ηται, διδόηται, διδῶται; et ἱστάῃ, contract. ἱστῇ. Ce mode observe la même règle de contraction dans la voix active. Il faut dire de plus qu prennent la Voyelle modale. Exemple : πέταμαι, je vole; πέταμαι-σαι-ται; δύναμαι. Ajoutez : κεῖμαι; δίζημαι; οἶμαι, Imparfait ᾤμην, etc.

Actif.

§. 39. PARADIGME.

	Form. comm.	Form. Homér.	Form. comm.	Form. Homér.	Form. comm.	Form. Homér.
Indicatif.	τίθημι. τίθης. τίθησι. τίθεμεν. jusqu'à τιθεῖσι.	τίθησθα.	δίδωμι. δίδως. δίδωσι. δίδομεν. jusqu'à διδοῦσι.	διδοῖς. δίδοισθα. 3. διδοῖ.	ἵστημι. ἵστης. ἵστησι. ἵσταμεν. jusqu'à ἱστᾶσι.	
Conjonctif.	τιθῶ. τιθῇς. τιθῇ. τιθῶμεν. jusqu'à τιθῶσι.		διδῶ. διδῷς. διδῷ. διδῶμεν. jusqu'à διδῶσι.		ἱστῶ. ἱστῇς. ἱστῇ. ἱστῶμεν. jusqu'à ἱστῶσι.	
Optatif.	τιθείην. τιθείης. τιθείη. τιθείημεν. jusqu'à τιθείησαν.		διδοίην. διδοίης. διδοίη. διδοίημεν. jusqu'à διδοίησαν.	διδοῖσθα. Il. τ. 270. διδοῖτε. (διδοῖεν.)	ἱσταίην. ἱσταίης. ἱσταίη. ἱσταίημεν. jusqu'à ἱσταίησαν.	Pl. ἱσταῖμεν. ἱσταῖτε. ἱσταῖεν.
Impératif.	τίθετι. τιθέτω. et ainsi de suite.		δίδοθι. διδότω. et ainsi de suite.	δίδωθι.	ἵσταθι. ἱστάτω. et ainsi de suite.	ἵστη. (Il. 21, 313.)
Infinitif.	τιθέναι.	τιθήμεναι.	διδόναι.	διδοῦναι.	ἱστάναι.	ἱστάμεναι.
Participe.	τιθείς.		διδούς.		ἱστάς.	
Imparfait.	ἐτίθην. ἐτίθης. ἐτίθη. ἐτίθεμεν. jusqu'à ἐτίθεσαν.	ἐτίθει.	ἐδίδων. ἐδίδως. ἐδίδω. ἐδίδομεν. jusqu'à ἐδίδοσαν.	ἐδίδου.	ἵστην. ἵστης. ἵστη. ἵσταμεν. jusqu'à ἵστασαν.	ἵστασκε.

	Form. comm.	Form. Homér.	Form. comm.	Form. Homér.
Aoriste 2[ond]. Indicatif.	ἔθην. ἔθης. ἔθη. ἔθεμεν. jusqu'à ἔθεσαν.		ἔδων. ἔδως. ἔδω. ἔδομεν. jusqu'à ἔδοσαν.	δόσκο. δόσκ.
Conjonctif.	θῶ. θῇς. θῇ. θῶμεν. jusqu'à θῶσι.	θείω. θείῃς (θήῃς). θείῃ (θήῃ). θείομεν.	δῶ. δῷς. δῷ. δῶμεν. jusqu'à δῶσι.	δώῃς. δώῃ, δῷσι. δώῃσι. P. δώομεν. δώωσι.
Optatif.	θείην. jusqu'à θείησαν.		δοίην. jusqu'à δοίησαν.	
Impératif.	θές (pr. θέτι). θέτω. et ainsi de suite.		δός (pr. δόθι). δότω. et ainsi de suite.	
Infinitif.	θεῖναι.	θέμεναι. θέμεν.	δοῦναι. pr. δόναι.	
Participe.	θείς.		δούς.	

Remarque. Ici, les formes homériques s'éloignent peu de donc pu se dispenser de les reproduire toutes dans les secon formes régulières, et n'y donner que celles qui, dans Homè commun. Pour ce qui est exposé de la voix passive, les formes lument dans ce paradigme, si l'on excepte la suppression de me non contractée de l'Aoriste Impératif θέο, συνθίο.

SANS VOYELLE MODALE.

§. 37. Voix *active sans Voyelle modale.*

La conjugaison sans Voyelle modale, la première, à coup sûr, dont on ait fait usage, s'est conservée dans les verbes purs à radical monosyllabique en -ε-α-ο, et d'autres à radical polysyllabe en υ : φα-φημί; δεικνυ - δείκνυμι. Elle s'étend dans les dialectes peu perfectionnés, aux verbes purs de toute espèce : ὁράω - ὅρημι; φοβέω-φόβημι, etc. Elle régit parmi les formes de la voix active, le Présent, l'Imparfait et l'Aoriste second; parmi celles du passif, le Présent, l'Imparfait et l'Aoriste 2ond moyen. Ce qui a été développé dans le paragraphe précédent, n'a besoin, pour être complet, que d'un petit nombre de remarques.

Nous présentons les verbes φά-ω, *je dis;* δεικνύ-ω, *je montre;* στά-ω, *je place;* ἕ-ω, *j'envoie;* δό-ω, *je donne,* et θέ-ω, *je pose;* dont les radicaux sont φα - δεικνυ - σθα - έ - δο - τε. Un grand nombre de ces verbes conjugués sans Voyelle modale, reçoivent au Présent et à l'Imparfait l'addition d'un ι, avant lequel, autant que possible, on redouble encore la première consonne du radical : par-là, les radicaux que nous venons d'indiquer, se trouvent modifiés comme il suit : (φα - δεικνυ) - ἵστα - ἱε - δίδο - τίθε (il va de soi qu'on ne peut dire ni σιστα, ni θιθε).

1.) ***Présent.*** Au singulier, les terminaisons diffèrent de celles de la conjugaison ordinaire. 1ère pers. -μι. 2. -ς. 3. -σι. La Voyelle qui les précède, prend la quantité longue : φημί - δείκνυμι - ἵστημι - ἵημι - δίδωμι - τίθημι. ης. ησι. Le reste du temps prend, sans aucune différence, les terminaisons déjà connues. (Duel : - μεν - τον - τον. Plur. - μεν - τε - εντσι.) Duel : φαμέν - φατόν - φατόν. Plur. φαμέν, φατέ (φαντσι) φᾶσι. Les troisièmes personnes du pluriel sont naturellement φαντσι - δεικνυντσι - ισταντσι - ἱεντσι - διδοντσι - τιθεντσι; mais ces formes grossières peuvent être adoucies par un double procédé. L'un consiste à rejeter, comme d'habitude, le ντ, et l'on obtient alors, de la manière ordinaire, les formes φᾶσι - δεικνῦσι - ἱστᾶσι - ἱεῖσι - διδοῦσι - τιθεῖσι. L'autre qui appartient aux Ioniens et aux Attiques s'exécute en remplaçant par un α le ν qui se trouve rejeté. (Ils le faisaient encore pour d'autres temps : ils disaient, par exemple, φυγοιατο, au lieu de φυγοιντο; ces formes sont fréquentes dans les tragiques, et dans les *manuscrits* des autres écrivains attiques.) Si, après avoir introduit α en place de ν, l'on rejette le τ qui précède le σ, l'on voit paraître les *formes ionico-attiques :* δεικνύασι - ἱέασι - διδόασι - τιθέασι.

Remarque. Beaucoup de verbes purs polysyllabes forment ce Présent par l'addition des syllabes ννυμι : πετάω, πετάννυμι; σκεδάω, σκεδάννυμι. Les verbes à Consonne muette ou liquide, ajoutent seulement νυμι; exemple : ὀρέγ-νυμι, δείκ-νυμι, οἴγ-νυμι.

2.) ***Imparfait*** et ***Aoriste.*** L'un et l'autre ont les désinences de l'Aoriste passif, ***mais ils doublent, au singulier seulement, la Voyelle qui précède ces terminaisons.*** La seule différence qui puisse exister entre ces deux temps, provient donc de ce que l'Imparfait ajoute quelque chose au radical (ι-δι-τι), tandis que l'Aoriste le prend sans y faire cette sorte d'addition. Imparf. ἵστην, formé de ἵστα; Aoriste ἔστην, formé de στα; Imparfait ἐδίδων, venant de διδο; Aoriste ἔδων, venant de δο. Cette prothèse est donc le seul moyen de distinguer l'Imparfait de l'Aoriste, et les verbes qui ne l'admettent point, comme φημί, ne sauraient avoir ces deux temps à la fois. Du reste leur conjugaison a lieu de la manière suivante.

Imparfait. S. ἐδίδων - ἐδίδως - ἐδίδω. Duel. ἐδίδοτον. Plur. ἐδίδομεν - ἐδίδοτε - ἐδίδοσαν.
Aoriste. S. ἔδων - ἔδως - ἔδω. Duel. ἔδοτον. Plur. ἔδομεν - ἔδοτε - ἔδοσαν.

Remarque. *a.* Beaucoup de verbes ont cet Aoriste, bien que le reste de leur conjugaison se fasse en prenant la Voyelle modale. Exemple : δύω, Aoriste ἔδυν, *et le reste jusqu'à* ἔδυσαν; βαίνω, de βα, Aor. ἔβην; γιγνώσκω, de γνο, Aor. ἔγνων.—

Remarque. *b.* Les modes se forment ici comme pour les Aoristes passifs, ainsi que nous l'avons annoncé plus haut, en traitant de ce qui a rapport à ces derniers. Dans ces modes, le présent ne se distingue de l'Aoriste que par la prothèse, dont il accroît la forme du radical. Exemple :

Présent. Aoriste.	Conjonc.	τιθῶ. θῶ.	Optat.	τιθείην. θείην.	Impé.	τίθετι. (θέτι) contract. θές.	Infin.	τιθέναι. (θέναι) long θεῖναι.	Partic.	τιθείς. θείς.

modale; exemple : δο - δώσω, δέδωκα, etc. Il faut, pour le verbe τίθημι, excepter l'Aor. 1er actif ἔθηκα; l'Aor 1er moyen ἐθηκάμην; le ν. Les Aoristes et Futurs passifs gardent la Voyelle brève; exemple : ἐδόθην et τεθήσομαι.

Voyelle modale.

le radical et les terminaisons se trouvent ici accolés sans aucun intermédiaire, la conjugaison marche avec une grande ré- les verbes, l'Aoriste second moyen; le reste des temps prend la Voyelle modale : τίθε-μαι-τίθε-σαι-τίθε-ται, etc. Imparf. ἐτιθέ-μην - σο d l'Imparfait reçoit l'une des additions -ι-δι-τι, qui l'empêche d'être en tout semblable à cet Aoriste. 2.) Les terminaisons des que dans quelques cas particuliers, comme à l'Impératif et communément à l'Optatif. Exemple : ἵσταμαι, Impérat. ἵστα-σο, ἵστα-ο, τιθῆται; mais cette contraction a cela de particulier que -όη se change en ῷ et άη en ῇ. Exemple : διδόωμαι, διδῶμαι; διδόη, διδῷ; que la conjugaison qui nous occupe, est encore suivie par beaucoup de verbes purs qui n'ont que le passif, ou qui, à l'actif,

...ér.	Form. comm.	Form. Homér.
	ἔστην. ἔστης. ἔστη. ἔστημεν. jusqu'à ἔστησαν.	
...ı. ...ıv.	στῶ. στῇς. στῇ. jusqu'à στῶσι.	στήῃς. στήῃ. P. (στείομεν.) στέωμεν.
	σταίην. jusqu'à σταίησαν.	
	στῆθι. στήτω. et ainsi de suite.	
	στῆναι.	στήμεναι.
	στάς.	

des formes ordinaires. On a ...ondes colonnes, en regard des ...ière, diffèrent du paradigme ...es homériques rentrent abso... e quelque augment, et la for-

Passif.

Indicatif.	τίθεμαι. τίθεσαι. τίθεται. τιθέμεθον. jusqu'à τίθενται.	δίδομαι. δίδοσαι. δίδοται. διδόμεθον. jusqu'à δίδονται.	ἵσταμαι. ἵστασαι. ἵσταται. ἱστάμεθον. jusqu'à ἵστανται.
Conjonctif.	τιθῶμαι. τιθῇ. τιθῆται. τιθώμεθον. jusqu'à τιθῶνται.	διδῶμαι. διδῷ. διδῶται. διδώμεθον. jusqu'à διδῶνται.	ἱστῶμαι. ἱστῇ. ἱστῆται. ἱστώμεθον. jusqu'à ἱστῶνται.
Optatif.	τιθείμην. τιθεῖο. τιθεῖτο. τιθείμεθον. jusqu'à τιθεῖντο.	διδοίμην. διδοῖο. διδοῖτο. διδοίμεθον. jusqu'à διδοῖντο.	ἱσταίμην. ἱσταῖο. ἱσταῖτο. ἱσταίμεθον. jusqu'à ἱσταῖντο.
Impératif.	τίθεσο (οῦ). τιθέσθω. et ainsi de suite.	δίδοσο (οῦ). διδόσθω.	ἵστασο (ῶ). ἱστάσθω. ....
Infinitif.	τίθεσθαι.	δίδοσθαι.	ἵστασθαι.
Participe.	τιθέμενος. τιθήμενος. Il. κ. 34.	διδόμενος.	ἱστάμενος.
Imparfait.	ἐτιθέμην. ἐτίθεσο (ου). ἐτίθετο. ἐτιθέμεθον. jusqu'à ἐτίθεντο.	ἐδιδόμην. ἐδίδοσο (ου). ἐδίδοτο. ἐδιδόμεθον. jusqu'à ἐδίδοντο.	

Aoriste 2ond. Indicatif.	ἐθέμην. ἔθεσο (ου). ἔθετο. ἐθέμεθον. jusqu'à ἔθεντο.	ἐδόμην. ἔδοσο (ου). ἔδοτο. ἐδόμεθον. jusqu'à ἔδοντο.	
Conjonctif.	θῶμαι. θῇ. θῆται. θώμεθον. jusqu'à θῶνται.	δῶμαι. δῷ. δῶται. δώμεθον. jusqu'à δῶνται.	
Optatif.	θείμην. jusqu'à θεῖντο.	δοίμην. jusqu'à δοῖντο.	σταίμην. jusqu'à σταῖντο.
Impératif.	θέσο (θοῦ). Hom. θέο. θέσθω. et ainsi de suite.	δόσο (δοῦ.) δόσθω.	
Infinitif.	θέσθαι.	δόσθαι.	
Participe.	θέμενος.	δόμενος.	

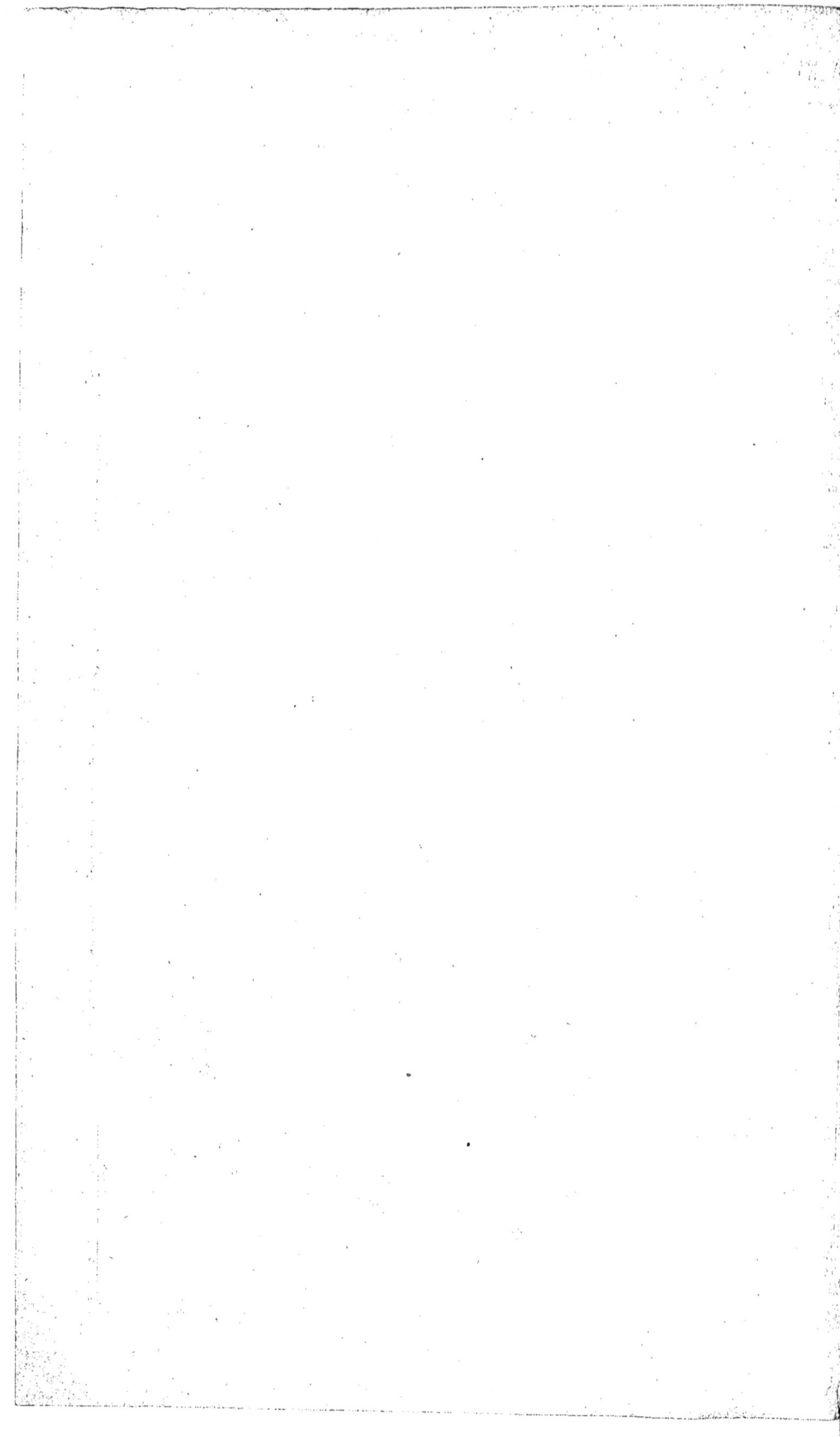

PETITS PARADIGMES CON

§. 40. Paradigmes des D

	Honneur.	Guerrier.	Vent.	Lion.	Mur.
Singulier.	1.) τιμή.	2.) αἰχμητής, α.	3.) ἄνεμος.	4.) λέων.	5.) τεῖχος.
	τιμῆς, ῆφι.	αἰχμητέω, αο | ἐϋμμελίω.	ἀνέμου, οιο, οφιν.	λέοντος.	τείχεος, ευς,
	τιμῇ, ῆφι.	αἰχμητῇ.	ἀνέμῳ, οφιν.	λέοντι.	τείχεϊ.
	τιμήν.	αἰχμητήν.	ἄνεμον, οφιν.	λέοντα.	τεῖχος.
	τιμή.	αἰχμητά.	ἄνεμε, ος.	λέον.	τεῖχος.
Duel.	τιμά.	αἰχμητά.	ἀνέμω.	λέοντε.	τείχεε.
	τιμαῖν.	αἰχμηταῖν.	ἀνέμοιν, οϊιν.	λεόντοιν.	τειχέοιν.
Pluriel.	τιμαί.	αἰχμηταί.	ἄνεμοι (ἄνεῳ).	λεόντες.	τείχεα.
	τιμάων, έων.	αἰχμητάων, έων.	ἀνέμων, οφι.	λεόντων.	τειχέων.
	τιμῇσι, ῇς, ῃσφι.	αἰχμητῇσι, ῇς.	ἀνέμοισι, οις.	λεόντεσσι – ουσι.	τείχεσσι, εσι,
		αἰχμητάς.	ἀνέμους.	λέοντας.	τείχεα.

. . . αις dans θεαῖς, Od. 5. 119. et dans ἀκταῖς. Il. 12. 284.

§. 41. εἰμί, Je suis.

PARADIGMES DE QUELQU

Je suis.
Radical. ἔω.

Présent.	Imparfait.	Infinitif.	Participe.
εἰμί.	ἔην, ἔον, ἔσκον.	εἶναι.	ἐών, et rarem. ὤν.
εἶς, ἐσσί.	ἔησθα, ἦσθα.	ἔμεν.	
ἐστί.	ἤην, ἔην, ἦν, ἦεν.	ἔμμεν.	
—	— — —	ἔμεναι.	
ἐστὸν.	— — —	ἔμμεναι.	
—	ἤστην.		
εἰμὲν.	ἦμεν.		
ἐστὲ.	ἦτε.		
εἰσὶ, ἔασι.	ἦσαν, ἔσαν.		

Conjonctif.	Optatif.	Impératif.	Parfait.
ἔω.	εἴην.	—	ἔα, ἦχ.
—	εἴης, ἔοις.	ἔσσο.	— —
ἔῃ, ἔῃσι, ᾖσι.	εἴη, ἔοι.	ἔστω.	— —
— — —	— —	—	— —
— — —	— —	—	— —
— — —	— —	ἔστε.	— —
— — —	— —	ἔστων.	— —
— — —	εἶτε.		
ἔωσι, ὦσι.	εἶεν.		

	Fut. indicatif.			Infinitif futur.	Participe.
Sing.	ἔσομαι, ἔσσομαι.	Plur.	ἐσόμεσθα, ἐσσόμεθα.	ἔσεσθαι, ἔσσεσθαι.	ἐσσόμενος.
	ἔσεαι, ἔσῃ, ἔσσεαι.		ἔσεσθε.		
	ἔσεται, ἔσται, ἔσσεται, ἐσσεῖται.		ἔσονται, ἔσσονται.		
	— —				
Duel.	ἔσεσθον.				
	ἔσεσθον.				

§. 43. εἶμι, Je vais.

Radicaux, ἴω, ἔω, et εἴω.

Présent.	Imparfait.	Parf. et Pl.-q.-p.	Conjonctif.	Optatif.	Impératif.	Infinitif.	Participe.
εἶμι.	— ἤϊον.	ἤϊα.	ἴω.	—	ἴθι.	ἴμεναι.	ἰών.
εἶσθα.	ἴες, ἤϊες.	—	ἴῃσθα.	—	ἴτω.	ἴμεν.	
εἶσι.	ἴε, ἤϊε, ᾔε.	ᾔει (Pl.-q.-parf.)	ἴῃ, ἴῃσι.	ἴοι, εἴη, εἴην.	—	ἰέναι.	
—	— — —	—	— —	—	—		
—	— — —	—	— —	—	—		
—	ἴτην — —	—	— —	—	—		
ἴμεν.	— ᾔομεν.	—	ἴωμεν, ἴομεν.	—	ἴτε.		
ἴτε.	— —	—	—	—	—		
ἴασι.	ἴσαν, ἤϊον.	ἤϊσαν.	ἴωσι	—			

Formes passives.

Présent. ἵενται. Partic. ἱέμενος.

Fut. M. (de εἴω, dans l'Iliade) εἴσομαι.

Aor. 1. M. εἴσατο, et ἐείσατο, ἐεισασθην.

naisons et des Pronoms.

		Ville.		Je (*ego*).	Tu.	De soi (*sui*).
	6.)	πόλις.		ἐγὼ, ἐγών.	σὺ, τύνη.	ἕο, εἷο, εὗ, ἕθιν.
ι, εσφι (mais σπείους).		πόλιος, ηος.	Gén.	ἐμέο, ἐμεῖο, ἐμεῦ, ἐμέθεν. μευ.	σέο, σεῖο, σεῦ, σευ (encl.) σεθεν, τεοιο.	ἑοῖ, οἷ et οἱ (encl.).
		πόλιι, ῖ, ηϊ.			σοὶ, τοὶ (encl.) τεΐν.	ἕε, ἕ, μίν.
		πόλιν.	Dat.	ἐμοὶ, μοι.	σε.	
		πόλι.		ἐμὲ, με.		
		πόλιε.		νῶϊ, νω.	σφῶϊ, σφῶ.	σφῶε.
		πολίοιν.		νῶϊν.	σφῶϊν.	σφῶϊν.
		πόλιες.		ἡμεῖς, ἄμμες.	ὑμεῖς, υμμες.	σφέων, σφείων, σφῶν.
		πολίων.		ἡμέων, ἡμείων.	ὑμέων, ὑμείων.	σφὶ (encl.) σφισί.
ι.		πολίεσσι.		ἡμῖν, ἧμιν, ἄμμιν, ἄμμι.	ὑμῖν, ὔμμιν, ὔμμι.	σφέας, σφὲ (encl.).
		πόλιας.		ἡμέας, ἄμμε, ἧμας.	ὑμέας, ὔμμε.	

S VERBES IRRÉGULIERS. §. 42. φημί, Je dis.

Je dis.

Radical : φημί. —

Présent.	Imparfait.		Optatif.	Infinitif.	Participe.
φημί.	ἔφην, φῆν.	ἔφασκον.	φαίην.	φάναι.	φάς.
φής.	ἔφης, ἔφησθα, φῆς, φῆσθα.	ἔφασκες.	φαίης.		
φησί.	ἔφη, φῆ.	ἔφασκε.	φαίη.		
—	— —		—		
—	— —		—		
—	— —		—		
φαμέν.	φάμεν.		φαῖμεν.		
φατέ.	φάτε.				
φασί.	ἔφασαν, ἔφαν, φάσαν, φαν.				

Formes du moyen.

Imparfait.	Impératif.	Infinitif.	Participe.
ἐφάμην, φάμην.	φάο.	φάσθαι.	φάμενος.
φάο.	φάσθω.		
ἔφατο, φάτο.	—		
— —	—		
— —	φάσθε.		
— —	—		
— —			
φάσθε.			
ἔφαντο, φάντο.			

§. 44. ἧμαι, Je suis assis. —

Je suis assis.

De ἕω, *pono*, Parfait passif, ἧμαι.

		Infinitif.	Participe.	Impératif.
Présent.	ἧμαι.	ἧσθαι.	ἥμενος.	ἧσο. 2. p. sing.
	ἧσαι.			
	ἧσται.			
	—			
	—			
	—			
	ἥμεθα.			
	—			
	ἧνται, ἕαται, εἵαται.			
Imparf.	ἥμην.			
	ἧσο.			
	ἧστο.			
	—			
	—			
	ἧσθην.			
	ἥμεθα.			
	—			
	ἧντο, ἕατο, εἵατο.			

Remarque. Les Paradigmes des déclinaisons ont été composés dans l'intention de rassembler les formes qui se rencontrent dans Homère, bien qu'on ne les y trouve peut-être pas précisément avec les mots dont on a fait choix ici. Dans les verbes que présente ce tableau, les personnes que ne donne pas Homère, ont été omises à dessein. —

Lightning Source UK Ltd.
Milton Keynes UK
UKHW051007101218
333411UK00025B/229/P